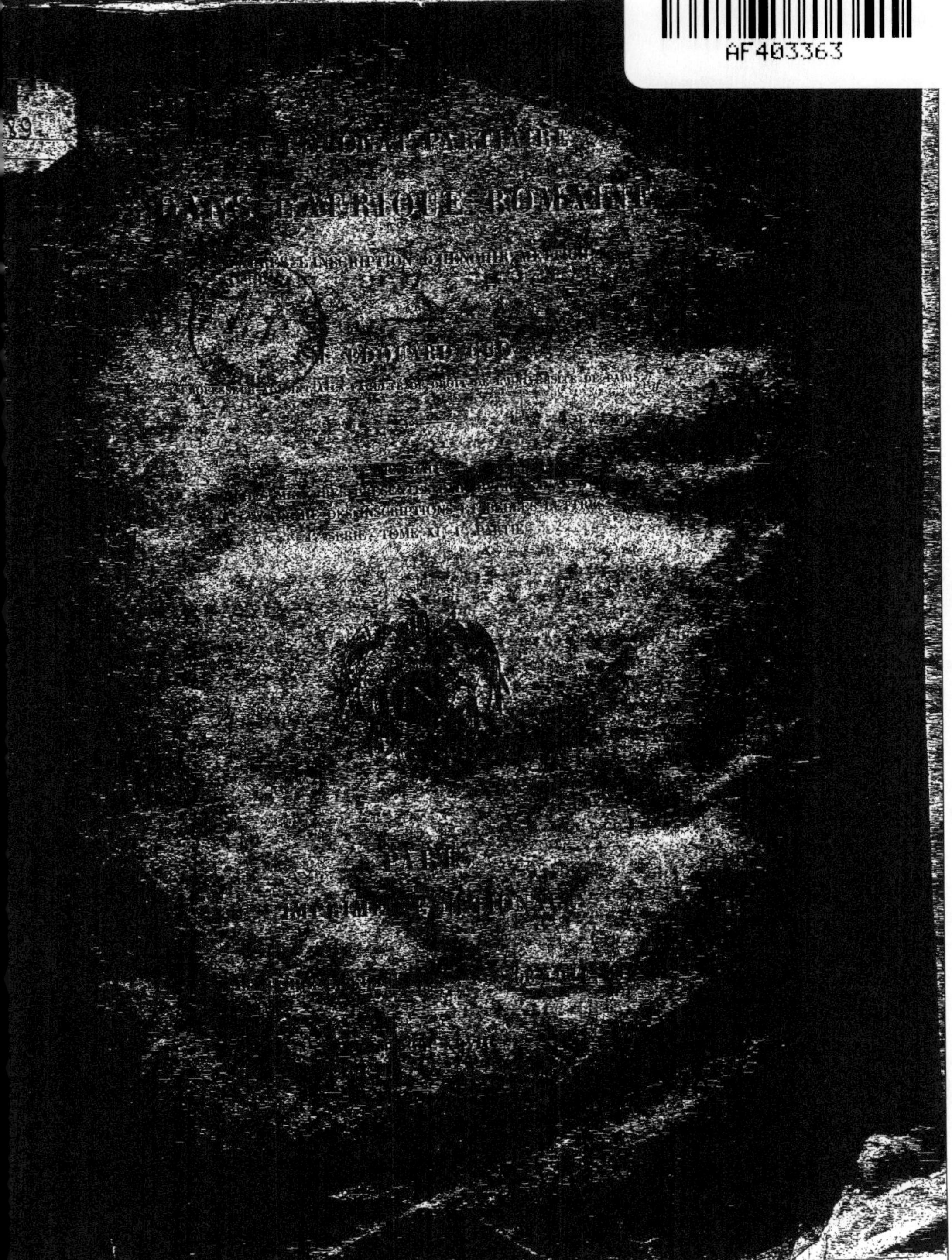

DANS L'AFRIQUE ROMAINE
INSCRIPTION ACADÉMIQUE
ÉDOUARD CUQ
PROFESSEUR À LA FACULTÉ DE DROIT DE L'UNIVERSITÉ DE PARIS
MÉMOIRES DE L'ACADÉMIE DES INSCRIPTIONS ET BELLES-LETTRES
SÉRIE, TOME XI, 1re PARTIE
PARIS
IMPRIMERIE NATIONALE

(Voir la suite page 3.)

LE COLONAT PARTIAIRE

DANS L'AFRIQUE ROMAINE

D'APRÈS L'INSCRIPTION D'HENCHIR METTICH

LE COLONAT PARTIAIRE

DANS L'AFRIQUE ROMAINE

D'APRÈS L'INSCRIPTION D'HENCHIR METTICH

PAR

M. ÉDOUARD CUQ

PROFESSEUR-ADJOINT À LA FACULTÉ DE DROIT DE L'UNIVERSITÉ DE PARIS

EXTRAIT
DES MÉMOIRES PRÉSENTÉS PAR DIVERS SAVANTS
A L'ACADÉMIE DES INSCRIPTIONS ET BELLES-LETTRES
1ʳᵉ SÉRIE, TOME XI, 1ʳᵉ PARTIE

PARIS

IMPRIMERIE NATIONALE

LIBRAIRIE C. KLINCKSIECK, RUE DE LILLE, 11

M DCCC XCVII

LE COLONAT PARTIAIRE
DANS L'AFRIQUE ROMAINE

D'APRÈS L'INSCRIPTION D'HENCHIR METTICH.

Parmi les inscriptions récemment découvertes en Tunisie,
l'une des plus importantes par les renseignements nouveaux
qu'elle renferme est celle d'Henchir Mettich. Trouvée à la fin
de l'année 1896 par M. le lieutenant Poullain, officier des bri-
gades topographiques, elle a été transportée au musée du
Bardo à Tunis. M. Gauckler, directeur du Service des antiquités de la Régence, en a fait faire un moulage qui vient d'être
exposé au Musée du Louvre, salle des antiquités africaines. Le
texte de l'inscription, déchiffré par MM. Cagnat, Gauckler et
Toutain, a été communiqué à l'Académie des inscriptions au
mois de mars de cette année et publié avec un fac-similé dans
les *Comptes rendus de l'Académie*[1]. Ce texte a été reproduit dans
les *Mémoires des savants étrangers*, avec un commentaire rédigé
par M. Toutain[2].

L'inscription d'Henchir Mettich, dont la date se place à la
fin du règne de Trajan, entre les années 115 et 117, contient

---

[1] T. XXV, 1897, p. 146. — [2] T. XI, 1re partie, p. 31.

la *lex* du domaine *Villa Magna Variani*. Cette *lex* n'est pas une loi, au sens moderne du mot : elle émane des procurateurs Licinius Maximus et Felicior, ce dernier affranchi de l'empereur; elle fut édictée sur le modèle d'une *lex Manciana*.

M. Toutain s'est attaché, dans son mémoire, à mettre en lumière ce qui a trait à l'agriculture dans l'Afrique romaine, à la constitution des grands domaines privés, à la condition faite, après la constitution de ces grands domaines, aux paysans indigènes[1]. La matière est loin d'être épuisée. Je voudrais, à mon tour, signaler les renseignements nouveaux que contient cette inscription au point de vue du droit, particulièrement quant au colonat partiaire dans l'Afrique romaine sous le règne de Trajan.

Deux faits principaux se dégageront de cette étude, l'un d'une portée générale, l'autre spécial aux colons africains :

1° C'est d'abord la notion du colonat partiaire. Ce colonat n'était connu jusqu'ici que par quelques passages de Caton et de Pline le Jeune, et par un court fragment du commentaire de Gaius sur l'édit provincial. La nature du rapport formé entre colon et bailleur était matière à controverse. Certains auteurs y voyaient un louage, d'autres une société, d'autres enfin un

---

[1] M. Schulten vient de publier, à son tour, le texte de cette inscription d'après un estampage et une photographie qui lui ont été communiqués par M. Gauckler. Ce texte diffère, sur quelques points importants, de celui qui a été établi par MM. Cagnat et Toutain. Le mémoire de M. Schulten, qui a pour titre : *Die lex Manciana, eine afrikanische Domänenordnung*, est inséré dans les *Abhandlangen der Königlichen Gesellschaft der Wissenschaften zu Göttingen* (Phil. hist. Klasse. Neue Folge, Band II, n° 3, 1897). Bien que le travail de M. Schulten soit postérieur à la communication que nous avons faite à l'Académie, nous lui emprunterons la division des articles de la *lex* en paragraphes (1 à 20), ce qui facilite les citations, et nous aurons soin d'indiquer les points de son commentaire sur lesquels nous ne sommes pas d'accord avec lui.

simple pacte sans valeur juridique. L'inscription d'H[r] Mettich présente les colons à part de fruits comme des locataires[1]. En principe, leur condition ressemble à celle des colons qui payent un loyer en argent et comporte les mêmes variétés : le colonat à court terme, renouvelable par tacite reconduction ; le colonat à long terme, analogue à l'emphytéose du bas empire ;

2° Le second fait qui ressort de cette inscription, c'est la sollicitude du législateur pour les colons africains. Les inscriptions antérieurement découvertes, surtout celle de Souk el Khmis[2], avaient montré la condition misérable de quelques-uns de ces colons sous le règne de Commode : il n'était question que des corvées qui leur étaient imposées, des exactions des fermiers généraux qui les pressuraient[3]. L'inscription d'H[r] Mettich, au contraire, insiste sur les droits des colons, tout en rappelant leurs obligations. Ces droits, pour les moins favorisés, sont supérieurs à ceux dont jouissent les autres colons d'après le droit commun de l'empire, sauf arrangements spéciaux avec le propriétaire. De plus, il dépend des colons africains d'améliorer leur situation, de devenir comme de petits propriétaires, en défrichant les terres incultes comprises dans le domaine ou dans ses *subcesiva*.

L'inscription d'H[r] Mettich soulève en outre deux questions, l'une sur laquelle les données précises manquent, l'autre qui est sujette à controverse :

[1] Le bail à colonat partiaire, ou métayage, est aujourd'hui encore très usité dans certaines régions de la France et de l'Algérie. Il a été réglementé par une loi récente du 18 juillet 1889.

[2] *Corp. inscr. Lat.*, vol. VIII, n° 10570.

[3] Cf. Mommsen, *Hermes*, 1880, t. XV, p. 385-411 ; Cagnat et Fernique, *Rev. archéol.*, 1881, t. XLI, p. 94 et 137 ; Fustel de Coulanges, *Recherches sur quelques problèmes d'histoire*, 1885, p. 33. Esmein, *Mélanges de droit romain*, 1886, p. 293.

1° A quelle époque remonte la *lex Manciana* qui a servi de modèle au règlement des procurateurs?

2° Ce règlement fut-il édicté pour un domaine privé ou pour un domaine impérial?

Ces deux questions n'ont, pour le sujet que nous avons à traiter, qu'une importance secondaire : nous en réservons l'examen pour la fin de ce travail.

Le domaine désigné sous le nom de *Villa Magna Variani* comprenait un nombre plus ou moins grand de *villæ dominicæ*, de constructions édifiées par les colons, de fonds de terre[1], de surfaces incultes, de pacages[2]. La condition juridique des colons varie suivant la situation et l'état des terres qu'ils cultivent. Le règlement distingue :

1° Les colons des *subcesiva;*

2° Les colons des surfaces incultes du domaine;

3° Les colons des champs abandonnés depuis deux ans;

4° Les colons des terres cultivées.

Les passages de l'inscription relatifs à ces diverses classes de colons doivent être rapprochés des documents contemporains antérieurement connus. Les documents dont je me suis servi

---

[1] Cf. Schulten, p. 48.

[2] Il existait dans notre ancienne France des domaines ayant une constitution analogue. Dans son Introduction au *Cartulaire de l'abbaye de Beaulieu*, publié dans la *Collection des documents inédits sur l'histoire de France*, M. Maximin Deloche a établi que la *villa* se composait d'une réunion de propriétés agricoles, de manses, bachelleries, borderies, condamines et autres subdivisions. Les manses, exploitations rurales d'une contenance en moyenne de douze journaux et suffisantes pour occuper un attelage de deux bœufs, formaient la subdivision la plus usuelle de la villa. On distinguait aussi la *cultura*, champ cultivé et ensemencé généralement en céréales; les *exarta*, lieux auparavant boisés, que l'on a défrichés et mis en culture; les *terræ absæ*, terres incultes et désertes; les prés, les *pascua* (p. ci et suiv.).

sont puisés en partie dans les écrits des jurisconsultes du
IIe siècle. Ils sont, par conséquent, d'une époque très voisine
de celle à laquelle se rapporte notre inscription. J'ai surtout
utilisé les *Lettres* d'un jurisconsulte de la fin du Ier siècle, très
au courant des usages de l'Afrique où il remplit la charge de
légat de Numidie, et plus tard celle de proconsul, L. Javolenus
Priscus [1].

[1] La date de son premier séjour en Afrique en qualité de légat de Numidie a été fixée par une inscription récemment trouvée à Gourbata, en Tunisie, et communiquée à l'Académie des inscriptions par M. Héron de Villefosse (*Comptes rendus de l'Académie*, 1894, t. XXII, p. 229). Cf. Pallu de Lessert, *Fastes des provinces africaines*, 1896, p. 164.

I

LES COLONS DES *SUBCESIVA*.

La première disposition contenue dans la *lex* est relative aux *subcesiva*. Il s'agit ici de terres incultes attenant au domaine[1]. Cela résulte de la teneur même de la disposition et de la distinction établie par la suite du texte entre les *subcesiva* et les *superficies*. Ces *subcesiva* restent la propriété du peuple romain, mais la *lex* permet de les défricher. Pour prévenir les conflits auxquels donnait lieu si souvent l'exploitation de ces terres, la permission est réservée à une catégorie de personnes désignée par les mots : *Qui eorum* [. . .]*tra fundo Villae Mag[na]e Variani id est Mappaliasigalis*[2].

D'après M. Toutain[3], il faudrait lire [*ul*]*tra*; le règlement viserait les « indigènes qui habitent au delà, c'est-à-dire en dehors et autour du fonds[4] ». M. Schulten propose de lire [*in*]*tra*[5]. Cette restitution est préférable. La formule *qui in fundo, qui intra fundum* revient plusieurs fois dans le nouveau document[6]. Elle a une valeur technique à la fin de la République et au début de l'empire. Elle caractérise, comme on l'établira plus loin, la condition juridique des personnes qui résident sur un fonds sans en avoir ni la propriété ni la possession, qui sont de simples colons.

On ne s'explique pas bien, dans l'hypothèse contraire, 1° pourquoi dans un règlement fait pour les colons du domaine *Villa*

---

[1] Hygin., éd. Lachmann, t. I, p. 132.

[2] Face I, lignes 5-6. — L'inscription d'Hᵣ Mettich est gravée sur les quatre faces d'un cippe en calcaire.

[3] P. 36.

P. 55.

[5] P. 7 : «[*U*]*ltra* wäre epigraphisch möglich, geht aber sachlich nicht, da er sich überallum innerhalb (*intra*) der Villa gelegene Ländereien handelt. »

[6] III, 17; IV, 23.

Magna Variani, dans un acte qui serait « la charte de fondation du *fundus*[1] », les procurateurs se seraient occupés de personnes étrangères à ce fonds; 2° pourquoi l'on donnerait à ces personnes la qualification de colons, alors qu'il n'existerait entre elles et le propriétaire du fonds aucun rapport de droit; 3° à quel titre on leur aurait imposé une redevance au profit du propriétaire du fonds. M. Toutain a pensé résoudre la difficulté en attribuant à ce propriétaire, ou plutôt au fonds lui-même, l'usufruit des *subcesiva* concurremment avec les indigènes habitant autour du fonds[2]. Mais d'une part une servitude personnelle ne peut être établie au profit d'un fonds, d'autre part un colon ne saurait être confondu avec un usufruitier[3].

Les colons du domaine *Villa Magna Variani* sont autorisés à défricher les *subcesiva*[4]. C'est un droit analogue à celui qui, aux premiers siècles de Rome, fut accordé aux patriciens d'abord, puis à tous les citoyens romains, sur l'*ager occupatorius*[5]. Il était soumis à la même condition : obligation de payer une redevance consistant en une part de fruits[6]. Cette redevance, qui

---

[1] P. 53.

[2] P. 58.

[3] Voir plus bas, p. 114.

[4] Les étrangers au domaine sont exclus. Il y a là une règle analogue à celle qui est consacrée par le titre XLV de la loi Salique. D'après cette loi, l'étranger ne peut s'établir sur une terre inculte et sans maître, sans le consentement de tous les *vicini*, sinon *quod ibi laboravit, demittat*. M. Maximin Deloche a bien voulu, lors de la lecture de mon mémoire à l'Académie, me signaler ce rapprochement entre l'inscription d'H[r] Mettich et le titre de la loi Salique *De migrantibus*.

[5] *Gromat vet.*, éd. Lachmann, 138, 3 : « Occupatorii autem dicuntur agri, quos quidam arcifinales vocant ..... Deinde ut quisque virtute colendi quid occupavit, arcendo vicinum arcifinalem dixit. » Cf. Moritz Voigt, *Ueber die staatsrechtliche* possessio *und den* ager compascnus *der röm. Republik*, 1887, p. 15.

[6] Appian., *De bello civ.*, I, 7 : Τὴν δ'ἀργὸν ἐκ τοῦ πολέμου τότε οὖσαν... οὐκ ἄγοντές πω σχολὴν διαλαχεῖν, ἐπεκήρυτ7ον ἐν τοσῷδε τοῖς ἐθέλουσιν ἐκπονεῖν ἐπὶ τέλει τῶν ἐτησίων καρπῶν, δεκάτῃ μὲν τῶν σπειρομένων, πέμπ7η δὲ τῶν φυτευομένων.

s'ajoute à celle que les colons sont régulièrement tenus de payer, est, pour le propriétaire du domaine, la compensation du préjudice qu'il subit lorsque ses colons ne se consacrent pas entièrement à la culture de ses terres. Le colonat à part de fruits lui fait courir un aléa qui doit être renfermé en de justes limites. Si le colon pouvait impunément négliger les terres qu'il s'est engagé à cultiver, pour défricher et mettre en valeur à son profit personnel les *subcesiva*, les intérêts du bailleur seraient sacrifiés contre toute justice. Pour encourager les colons à défricher les *subcesiva* sans nuire au propriétaire, on accorde à celui-ci une part de la récolte, à ceux-là un droit auquel leur situation personnelle ne leur permettrait pas de prétendre.

Le droit des colons sur les *subcesiva* produisait-il les mêmes effets que le droit sur l'*ager occupatorius*? On sait que les citoyens acquéraient sur cet *ager* une propriété de fait qui, révocable en théorie[1], ne le fut guère en pratique[2]. En Afrique, d'après notre inscription, c'est aussi une sorte de propriété de fait qui est accordée aux colons : *Eos agros qui su[bc]esiva sunt excolère permittitur lege Manciana, ita ut eas* (sic) *qui excoluerit usum proprium habeat*[3].

MM. Toutain[4] et Schulten[5] ne sont pas de cet avis : l'expression *usum proprium* désignerait, d'après eux, la servitude personnelle d'usage. Cette opinion est, en elle-même, peu vraisemblable, surtout lorsque, avec M. Schulten, on identifie ces colons avec ceux qui cultivent les terres du domaine. Quel intérêt auraient-ils à défricher les *subcesiva* si on leur concédait uniquement le droit de prélever sur les fruits ce qui est néces-

---

[1] Appian. *ibid.*

[2] Cf. Beaudouin, *La limitation des fonds de terre dans ses rapports avec le droit de propriété*, 1894, p. 35.

[3] I, 6-9.

[4] P. 58.

[5] P. 21.

saire à leur consommation? N'ont-ils pas déjà de quoi vivre avec la part de fruits qui leur revient sur la récolte du domaine?

L'opinion de MM. Toutain et Schulten n'est pas plus satisfaisante au point de vue du droit. Il n'y a pas d'exemple, à l'époque du haut empire, d'une servitude personnelle établie par la loi. Tous les textes du titre *De usu* au Digeste[1], relatifs à l'*usus fundi,* supposent que cette servitude a été établie par testament. C'est là une remarque qui éclaire à la fois le rôle que joue cette servitude et la portée qu'on lui a attribuée.

Si, dans la pratique romaine, l'*usus fundi* était constitué par testament et non par acte entre vifs, c'est qu'une pareille servitude présentait par elle-même bien peu d'utilité. C'était une manière d'honorer quelqu'un en lui faisant une libéralité qui ne coûtait guère à l'héritier. La servitude d'usage, appliquée à un fonds, confère uniquement le droit d'y résider[2], de s'y promener à pied ou en litière[3]. Mais, par une interprétation bienveillante du legs d'usage, la jurisprudence autorisa l'usager à vivre sur le fonds, à prendre ce qui est nécessaire à son entretien et à celui de sa famille[4]. C'est là une conséquence non de la servitude, mais de la règle qui prescrit d'interpréter largement les dernières volontés d'un testateur[5]. Aussi l'étendue de la servitude est-elle susceptible de varier suivant le rang social de l'usager. Nous avons sur ce point le témoignage de Celsus, le contemporain de Trajan et d'Hadrien[6]. Il est donc inexact de dire, comme on l'a fait parfois, que l'usage est un usufruit restreint aux besoins de l'usager : d'une part, l'usager est autorisé

---

[1] Lib. VII, tit. 8. Cf. Bechmann, *Ueber den Inhalt und Umfang der Personalservitut des* usus *nach röm. Rechte,* 1861, p. 56.

[2] *Habitare :* Lab. ap. Ulp. 17 ad Sab., *eod.* 10, 4. *Morari in fando :* Gai. 2 rer. quotid., *eod.* 11.

[3] Ulp., *eod.* 12, 1.

[4] Sab. Cass. Lab. Proc. ap. Ulp., *eod.*

[5] Ulp., *eod.* 12, 2 : «Neque enim tam stricte interpretandae sunt voluntates defunctorum. »

[6] Ap. Ulp., *eod.* 12, 1.

à exiger des choses qui n'ont pas le caractère de fruits, comme l'eau[1], la litière pour ses chevaux[2]; d'autre part, l'usufruitier acquiert les fruits en les percevant[3], l'usager en les consommant[4].

Il semble inutile d'insister davantage pour démontrer que les colons des *subcesiva* ne sont rien moins que des usagers : le droit aux fruits leur est reconnu sans réserve. Il est pourtant nécessaire d'ajouter un dernier trait : il y a incompatibilité entre la qualité d'usager et celle de colon. Sur ce point tous les textes sont d'accord, depuis le siècle d'Auguste jusqu'à celui d'Alexandre Sévère. L'usager reste étranger à la culture. « Il lui est défendu, dit Labéon, d'empêcher le colon de venir sur le fonds; il lui est pareillement interdit de renvoyer les esclaves affectés à la culture[5]. » « Il doit éviter, dit Gaius, de gêner ceux *per quos opera rustica fiunt*[6]. » « Il ne peut pas, ajoute Paul, empêcher le propriétaire de venir sur le fonds pour le cultiver[7]. » Donc autre chose est l'usager, autre chose le colon.

L'*usus*, attribué par la loi Manciana à ceux qui cultivent les *subcesiva*, n'a rien de commun avec la servitude personnelle d'usage, et ce n'est pas la qualification de *proprius* donnée à cet *usus* qui peut servir à prouver le contraire. Appliqué au droit d'usage, le mot *proprius* serait superflu. On a dit que ce mot avait ici une valeur particulière, qu'il affirmait le caractère individuel et personnel de l'*usus*[8] : mais à quoi bon cette affirmation pour un droit qui, par essence, est attaché à la personne? Le texte qu'on a invoqué pour la justifier parle de *nudus usus*[9]. L'*usus proprius* est tout autre chose. Voyons en quoi il consiste.

---

[1] Sab. Cass. ap. Ulp., *ibid.*

[2] Nerva, *ibid.*

[3] Jul. 7 Dig. *Dig.* XXII, 1, 25, 1.

[4] Ulp. 17 ad. Sab. *Dig.* VII, 8, 12, 1 : « Utetur his dumtaxat in villa. »

[5] Lab. ap. Ulp., *eod.* 10, 4.

[6] 2 rer. quotid., *eod.* 11.

[7] 3 ad Sab., *eod.* 15, 1.

[8] Toutain, *op. cit.*, p. 59.

[9] *Inst.* II, 5, 1.

Dans la terminologie juridique des Romains, le mot *usus* a une double acception : il est pris tantôt dans un sens large, tantôt dans un sens étroit. Dans son acception la plus étroite, qui est celle des compilations de Justinien, il désigne la servitude personnelle d'usage. Dans son acception la plus large, qui est aussi la plus ancienne, le mot *uti* désigne le fait d'utiliser les propriétés d'une chose, d'en tirer profit. C'est le côté pratique de la propriété et de la possession. C'est la propriété envisagée au point de vue économique. *Quos agros non colebant,* dit Varron[1], *ab usu salvo saltus nominarunt.* Cette acception du mot *usus* est confirmée par l'existence de plusieurs institutions juridiques qui toutes reposent sur l'*usus* ainsi entendu. L'usucapion, c'est l'acquisition de la propriété *usu*[2]; l'*usureceptio* fait recouvrer la propriété *usu;* l'*usurpatio* consiste à interrompre l'usucapion, *usui rapere*[3]. Cette acception du mot *usus* est également confirmée par les textes qui reconnaissent à celui qui emprunte une somme d'argent le droit de *pretio uti*[4].

En concédant l'*usus* aux colons qui ont mis en valeur les *subcesiva,* la *lex* leur accorde sur la terre qu'ils ont défrichée toute l'utilité que la propriété pourrait leur procurer. Pour qu'il n'y ait aucun doute à cet égard, la loi dispose que l'*usus* sera *proprius,* c'est-à-dire que le profit à retirer de la terre mise en culture sera propre à chaque colon[5]. Chacun d'eux en jouira

---

[1] *De ling. Lat.* V, 36.

[2] Cf. Ulp. 12 ad Ed. *Dig.* IV, 6, 1, 1 : « Usu suum facere. »

[3] Édouard Cuq, *Recherches sur la possession à Rome sous la République et aux premiers siècles de l'Empire,* 1894, p. 23-24. Cf. *Les institutions juridiques des Romains,* 1891, t. Ier, p. 249.

[4] Lab. ap. Ulp. 31 ad Ed. *Dig.* XIX, 5, 19 pr. Paul. 10 ad Ed. *Dig.* III, 6, 2. Cf. Éd. Cuq, *Les institutions juridiques des Romains,* t. Ier, p. 622, n. 5.

[5] Cf. Cic. *De lege agr.* III, 2, 8 : « Isti agri... aliquam similitudinem propriae possessionis... attingunt. »

à l'exclusion de tout autre. On ne mettra pas en commun le produit de leur travail.

Les conséquences du droit reconnu aux colons sont faciles à déduire. A la différence des colons ordinaires, qui sont de simples détenteurs [1], ceux qui mettent en valeur les *subcesiva* ont la possession. L'*usus* ne se conçoit pas sans la possession. Cette conséquence est confirmée par un document contemporain de l'inscription d'H[r] Mettich. Au IVe livre de ses *Lettres*, Javolenus examine la différence qui existe entre un *fundus* et une *possessio*, et il conclut en disant : « *Possessio usus loci est* [2]. » En présence d'un texte aussi décisif, est-il besoin de rappeler le passage bien connu de Festus sur l'*ager occupatorius?* « *Possessiones appellantur agri late patentes publici privatique , quia non mancipatione sed usu tenebantur, et ut quisque occupaverat, colebat* [3]. »

L'*usus proprius* n'implique pas seulement le *jus possidendi : il* suppose aussi le *jus fruendi.* C'est d'ailleurs ce qui ressort du texte même du règlement : après avoir attribué aux colons l'*usus proprius,* il rappelle l'obligation qui leur incombe de livrer au propriétaire du domaine une part des fruits de chaque culture. Le *jus fruendi* est donc implicitement compris dans l'*usus proprius.* Il appartient aux colons exclusivement; le propriétaire n'a contre eux qu'un droit de créance.

---

[1] Pegas. ap. Ulp. 16 ad Ed. *Dig.* VI, 1, 9. Jul. 44 Dig. *Dig.* XLI, 3, 33, 1. Ulp. 20 ad Ed. *Dig.* X, 3, 7, 11.

[2] *Dig.* L, 16, 115 : « Quæstio est, fundus a possessione vel agro vel praedio quid distet. Fundus est omne, quidquid solo tenetur. Ager est, si species fundi ad usum hominis comparatur. Possessio ab agro juris proprietate distat : quidquid enim adprehendimus, cujus proprietas ad nos non pertinet aut nec potest pertinere, hoc possessionem appellamus : possessio ergo usus, ager proprietas loci est... »

[3] Fest. v° *Possessiones.* Cf. v° *Possessio :* « Possessio est, ut definit Gallus Ælius, usus quidam agri aut aedificii. »

Le règlement est ainsi conçu : « *Coloni fructus cujusque cultur(a)e quota dare adportare*[1] *et terere debebunt, summas* [...]*ant arbitratu* [*s*]*uo conductoribus vilicis*[*ve ej*]*us f(undi)*[2]. » M. Toutain lit [*redd*]*ant*, M. Schulten, *de*[*fe*]*rant*. Quelle que soit la restitution que l'on adopte, la nature du droit appartenant au propriétaire reste la même. Cela ne fait pas de doute pour la première : *reddere*, dit M. Toutain, signifie ici « payer une somme due, une redevance[3] ». La restitution de M. Schulten conduit au même résultat : d'après lui, les colons doivent déclarer au bailleur le produit total de la récolte (*summas deferant*)[4]. Mais cette déclaration, ils la font *arbitratu suo*. C'est là un point important dont on ne paraît pas avoir tenu compte dans l'interprétation de ce passage.

Il arrivait souvent à Rome que les parties contractantes s'en remettaient à la décision d'un tiers choisi à titre d'arbitre, soit pour trancher les difficultés qui pourraient survenir dans l'exécution du contrat, soit pour fixer l'étendue des prestations que l'un des contractants avait à fournir[5]. Par exception, en matière de société, on pouvait choisir pour arbitre l'un des contractants lui-même et, par exemple, le charger de fixer les parts de chaque associé[6]. Rien d'étonnant que cette exception trouve ici son application : les rapports entre colon partiaire et bailleur sont régis, quant à la répartition des fruits, *quasi societatis jure*[7]. En accordant aux colons la faculté d'évaluer le produit total de la récolte, le règlement leur témoigne une confiance particulière : le propriétaire doit s'en rapporter à leur déclaration.

---

[1] M. Schulten lit : *quot ad area(m) deportare.*

[2] I, 11-14.

[3] P. 37.

[4] P. 22.

[5] Proc. 5 Epist. *Dig.* XVII, 2, 76.

[6] Pompon. 9 ad Sab. *eod.* 6.

[7] Gai. 10 ad Ed. prov *Dig.* XIX, 2, 25, 6.

La déclaration faite, les colons s'engagent par écrit à livrer aux fermiers la part qui leur est due. C'est ce qui semble résulter d'un passage quelque peu mutilé[1] que M. Schulten restitue ainsi : « *Tabellis coloni. . . caveant ejus fructus partes q[uas. . . praestare] debent*[2]. » Mais cette part de fruits n'est pas livrable dans l'état où elle se trouve lors de la récolte. Les colons doivent *fructus adportare et terere;* par suite, ils ne sont responsables ni des déchets ni du défaut de rendement. A cet égard, comme au point de vue de l'*arbitratus*, le règlement leur assure une situation privilégiée, incompatible avec l'existence d'un droit réel au profit du propriétaire du domaine.

On ne connaît pas la quotité de la part de fruits que les colons des *subcesiva* devaient payer au propriétaire. Mais il est à remarquer qu'on ne leur accorde aucune exemption pour les premières années qui suivent la mise en valeur, comme cela a lieu pour les colons qui défrichent les surfaces incultes du domaine[3].

Les colons étaient-ils autorisés à déduire de la masse à partager ce qui leur était nécessaire pour les semences et pour leur consommation? M. Schulten ne s'explique pas sur le premier point et admet l'affirmative sur le second[4]. A l'appui de son opinion, il invoque un passage de l'inscription d'Aïn Ouassel relatif au partage des *poma* entre le propriétaire et celui qui a défriché un *ager rudis*. Le partage s'applique uniquement aux fruits destinés à être vendus : *Nec alia pom(a) in divisione(m) umquam cadent qu(a)m quæ venibunt a possessoribus*[5]. Cela exclut, d'après M. Schulten, les fruits destinés à la nourriture des co-

---

[1] I, 16-19.
[2] P. 14.
[3] III, 6-7.

[4] P. 21.
[5] *Hermes*, t. XXIX, p. 209, col. III. 12-14.

lons. L'inscription d'H^r Mettich ne contient rien de pareil. Doit-on néanmoins sous-entendre une clause semblable à celle d'Aïn Ouassel? Si cette hypothèse était vraie, ce ne sont pas seulement les fruits nécessaires à leur consommation que les colons des *subcesiva* devraient déduire, mais aussi les fruits destinés à la semence. La clause précitée doit en effet être rapprochée d'un texte du Digeste qui en détermine la portée : c'est un fragment emprunté à un jurisconsulte contemporain de Trajan et d'Hadrien, Celsus[1]. Ce texte distingue les fruits que l'on met à part pour être vendus (*fructus ibi repositos ut venirent*) et ceux qui sont destinés *ad usum fundi* ou à tout autre usage. Ceux-ci comprennent, d'après Cerv. Scaevola[2], les fruits nécessaires à la semence et le blé réservé pour la nourriture des esclaves.

Mais la clause précitée de l'inscription d'Aïn Ouassel exprime-t-elle une règle générale, applicable non seulement aux *poma*, tels que noix, figues, raisins de table[3], mais à tous autres fruits, blé, orge, olives? Il suffit de lire la phrase qui précède pour être fixé sur ce point[4]. Aucune déduction n'est permise sur la récolte des olives. La faveur accordée par la *lex Hadriana* pour les *poma* n'a pas été étendue aux fruits d'une autre espèce et d'une plus grande valeur. Comment la loi Manciana aurait-elle été plus libérale, alors qu'elle ne fait pas même de réserve pour les *poma*?

Les colons des *subcesiva* ont le *jus fruendi* comme ils ont le *jus possidendi*. On peut dire de ces colons ce que Gaius dit des

---

[1] 19 Dig. ap. Ulp. 20 ad Sab. *Dig.* XXXIII, 7, 12, 30. Cf. Ulp. *eod.* 12 pr. : « …Causa seminis nihil a cibariis differt. »

[2] Ap. Paul. 2 ad Vitell. *eod.* 18, 9.

[3] Paul. 4 epit. Alf. *Dig.* L, 16, 205.

[4] Col. III, lin. 7-11 : *De oleis, quas quisq[ue e possesso]ribus posuerit aut oleastris [inse]ruerit captorum fructuum nu[lla pars] decem proximis annis exiget[ur], set nec de pomis septem annis proximis.*

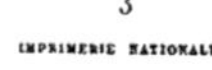

3

possesseurs des fonds provinciaux : « *Possessionem tantum et velut usumfructum habere videntur*[1] ». L'expression *velut usumfructum* prouve qu'on n'est pas ici en présence d'un véritable usufruit, d'une servitude personnelle : la propriété provinciale était en effet transmissible aux héritiers. En était-il de même du droit attribué aux colons des *subcesiva?* La question n'aurait jamais été soulevée, si l'on n'avait interprété d'une façon inexacte l'*usus* mentionné dans notre inscription, et si l'on n'avait cru trouver dans celle d'Aïn Ouassel la preuve d'un changement dans la situation faite à ceux qui défrichent les *agri rudes*.

La règle générale, au temps de Trajan, comme au temps d'Hadrien et de Septime Sévère, c'est la transmissibilité des droits aux héritiers. La règle s'applique soit aux droits réels, soit aux droits de créance résultant des contrats. Il y a des exceptions, mais justifiées par des raisons particulières. Là où ces raisons n'existent pas, la règle doit être maintenue. Si, par exemple, l'usufruit a été conçu comme un droit attaché à la personne, c'est qu'il prive entièrement le propriétaire de la jouissance de sa chose. La constitution d'un usufruit ne laisse subsister qu'une propriété nue, sans valeur. Il était donc né-cessaire de limiter ce droit dans sa durée, sous peine de réduire à néant la valeur économique de la propriété. Il n'en est plus de même, et cette raison perd toute sa force dans le cas où le propriétaire a le droit d'exiger chaque année une quote-part des fruits : il est impossible de le traiter comme un nu propriétaire.

Le droit concédé aux colons des *subcesiva* est donc construit tout autrement que l'usufruit. Il se rapproche par sa construc-tion, par son étendue quant à l'acquisition des fruits, du droit sur l'*ager vectigalis*[2]. Il ressemble également, par la raison qui l'a

______
[1] Gai. II, 7. — [2] Jul. 7 Dig. *Dig.* XXII, 1, 25, 1.

fait établir, au *jus emphyteuticum* du bas empire [1]. Or ces droits sont l'un et l'autre transmissibles aux héritiers [2]. Sans doute il en diffère par la nature de la redevance imposée au colon : au lieu d'être fixe et en argent, elle varie suivant la récolte. Mais cette particularité ne saurait justifier l'abandon du principe de la transmissibilité.

En résumé, la *lex Manciana*, en attribuant l'*usus proprius* à ceux qui mettent en valeur les *subcesiva*, leur a conféré un droit analogue quant à son résultat pratique à la propriété provinciale. Ce droit ne diffère que par sa dénomination de celui que la *lex Hadriana* accorde, d'après l'inscription d'Aïn Ouassel [3], aux colons qui défrichent les terres (*rudes agri*) des domaines impériaux ou celles qui sont restées incultes pendant dix ans. C'est le *jus possidendi ac fruendi heredique suo relinquendi*.

Le changement de dénomination s'explique par les progrès réalisés par la jurisprudence entre l'époque où fut rédigée la *lex Manciana* et celle où fut rendue la *lex Hadriana*. Dans la première moitié du IIe siècle, alors que la jurisprudence eut pleine conscience de la nécessité de donner aux notions juridiques une précision rigoureuse, elle s'efforça de définir les droits des possesseurs des fonds provinciaux [4]. Mais, au lieu de les construire comme des droits réels distincts, elle les fit rentrer dans les cadres consacrés par l'usage, ce qui simplifia la nomenclature juridique. Ce qu'elle fit pour la propriété provinciale, elle le fit pour le droit des colons sur les *subcesiva.* L'expression *usus proprius*, qui figurait dans la *lex Manciana*, aurait pu donner

---

[1] Le mot ἐμφυτεύειν signifie « planter ».
[2] Gai. III, 145. *Inst.* III, 24, 3.
[3] Dr Carton, *Revue archéol.*, 1892, t. XIX, p. 215; Mispoulet, *Nouv. Revue historique de droit*, 1892, t. XVI, p. 117; Scialoja, *Bulletino dell' Istituto del diritto Romano*, 1893, p. 31; Schulten, *Hermes*, 1894, t. XXIX, p. 207-209.
[4] Cf. Beaudouin, *op. cit.*, p. 247 et note 1.

à penser que le colon acquerrait la propriété du champ par usucapion. Les rédacteurs de la *lex Hadriana* cherchèrent une formule susceptible de prévenir toute erreur : au lieu de désigner en bloc les droits des colons, ils en firent l'analyse, en donnèrent le détail. Une modification analogue fut faite à la définition antique de l'usucapion : à la notion complexe de l'*usus* qui motivait l'acquisition de la propriété, elle substitua la notion plus simple de l'*adeptio dominii per continuationem possessionis* [1], en y joignant l'énumération des conditions requises pour l'efficacité de l'usucapion [2].

La modification introduite dans la *lex Hadriana* peut être attribuée à l'influence des idées de Javolenus. C'est lui qui le premier, à notre connaissance, a tranché la question de savoir comment il fallait entendre l'*usus loci* et distingué la *possessio* du *fundus* [3]. Rien d'étonnant que son opinion, étrangère aux rédacteurs de la *lex Manciana*, qui doit être d'une époque antérieure, ait été consacrée par la *lex Hadriana*, élaborée sans doute dans le conseil impérial réorganisé par Hadrien [4] et dont faisait partie un homme qui lui aussi connaissait bien l'Afrique où il était né [5], Julien, le disciple de Javolenus [6] et l'un des plus grands jurisconsultes du IIe siècle.

---

[1] Ulp. frg. XIX, 8. Modest. 5 Pandect. Dig. XLI, 3, 3.

[2] *Inst.* II, 6 pr.

[3] Voir plus haut, p. 94, n. 3.

[4] Cf. Édouard Cuq, *Le Conseil des empereurs d'Auguste à Dioclétien* (Extrait des *Mémoires des sav. étr.*, t. IX, 2e partie), 1884, p. 328.

[5] « *Ex Hadrumetina colonia.* » *Vita Did. Jul.*, 1.

[6] Cf. Édouard Cuq, *op. cit.*, p. 342, note 4.

II

LES COLONS DES SURFACES INCULTES DU DOMAINE.

Deux articles de notre *lex* se réfèrent explicitement aux terres incultes du domaine : ce sont les paragraphes 8 et 15[1]. Deux autres (§§ 13 et 14) devaient également s'y rapporter, mais il n'en reste que des fragments[2]. Des quelques mots qui n'ont pas été effacés, on peut induire que les paragraphes 13 à 15 contenaient un ensemble de règles sur la matière.

Les terres incultes défrichées par les colons dans l'intérieur du domaine sont désignées par le mot *superficies;* le droit attribué au colon, par l'expression *jus colendi.*

Le mot « superficie » reçoit dans l'inscription d'Henchir Mettich une acception plus large que d'ordinaire. Il implique habituellement l'idée d'une construction élevée sur le terrain d'autrui[3] en vertu d'un contrat de louage (*in conducto solo*[4]). Ici le mot « superficie » est appliqué aussi bien à la terre louée au colon pour la défricher, qu'aux bâtiments qu'il a pu y édifier[5]. Dans les deux cas, le contrat donne naissance à un *jus in solo.* Cela est certain pour le droit du constructeur[6]; il en est de même pour le droit du colon : ce droit ne s'éteint que par le

---

[1] III, 2-10; IV, 10-15. M. Schulten, p. 27, y rattache également le paragraphe 4 (II, 13-17). Ce paragraphe est trop incomplet pour qu'on puisse se prononcer.

[2] IV, 2-9.

[3] Loi agraire de 643.1.92 (*Corp. insc. Lat.*, vol. I, n° 200). Cf. *ibid.*, vol. VI, n° 344 *n*, 1585 *a b.*; Senec., Ep. XIII. 89; Pompon. 21 ad Sab. *Dig.* XXXIX, 2, 39, 2; Paul. 48 ad Ed. *eod.* 18, 4.

[4] Gai. 25 ad Ed. prov. *Dig.* XLIII, 18, 2.

[5] IV, 10-15 : [*Qui su*]*perficiem ex inculto excoluit excoluer*[*it ibique...*] *aedificium deposuit posuerit (is)ve qui* [*coluit postea*] *desierit per (?) desierit eo tempore, quo ita eu superfi*[*cies*] *coli desit desierit, ea quo fuit fuerit jus colendi dumt*[*axa*]*d bienn(i)o proximo ex qua die colere desierit servatu*[*r*] *servabitur.*

[6] Jul., 34 Dig. *Dig.* XXX, 86, 4; Gai. ad Ed. praet. Urb. *Dig.* XXXIX, 2, 19 pr.

non-usage; or le non-usage est un mode d'extinction propre aux droits réels.

Les colons des surfaces incultes du domaine acquièrent par leur travail un droit sur la terre qu'ils ont défrichée. C'est là une différence essentielle qui les sépare des autres colons. En règle générale, le colon n'a pas de droit sur la terre qu'il cultive; le propriétaire peut l'expulser, sauf à lui payer une indemnité pour violation de l'engagement qu'il a contracté de le faire jouir. La crainte d'avoir à indemniser le colon n'était sans doute pas de nature à arrêter le propriétaire; on a l'exemple de fermiers qui prenaient soin de se faire garantir par une clause pénale contre le risque d'une expulsion [1]. Or le fermier (*conductor*) était souvent un gros personnage, traitant d'égal à égal avec le propriétaire. Un colon aurait-il pu obtenir la promesse d'une peine? Il est permis d'en douter.

Si le colon n'avait pas de droit opposable au propriétaire, bien moins encore en avait-il contre les tiers : en cas de vente du fonds, l'acheteur n'était pas tenu, sauf clause contraire, de laisser jouir le colon [2].

Si le droit du colon sur la superficie est un *jus in solo* comme celui du constructeur, il n'a pourtant pas été conçu de la même manière. Le droit du constructeur a été identifié avec l'objet sur lequel il porte; on l'appelle « superficie »: Le droit du colon, au contraire, a été distingué de son objet; on l'appelle *jus colendi* [3]. En désignant ainsi le droit du colon, on a voulu mettre en relief la condition requise pour sa formation. Par là, il ressemble à un droit qui a été consacré au bas empire, mais qui était depuis longtemps usité dans les pays de civilisation

[1] Paul. 5 Resp., *Dig.* XIX, 2, 54, 1. — [2] Gai. 10 ad Ed. prov., *eod.*, 25, 1. Marcel. 19 Dig. *Dig.* XLIII, 16, 12, Pap. 26 Quaest., *cod.*, 18. — [3] IV, 13.

grecque[1] : le *jus* ἐμφυτευτικὸν[2]. Il n'en diffère que par la nature de la redevance imposée au preneur : au lieu d'une somme fixe, ordinairement très modique, payable chaque année, le preneur doit une part de fruits. Celui qui sème et cultive une olivette dans une terre inculte est, aux termes du règlement, dispensé de toute redevance pendant dix ans; après quoi, il doit au bailleur le tiers de l'huile provenant de chaque récolte[3]. En cela il rentre dans la classe des colons partiaires dont il se sépare à tous autres égards.

L'analogie signalée entre le *jus colendi* et le *jus emphyteuticum* n'est pas la seule qui existe entre ces deux droits :

1° L'emphytéose est constituée à perpétuité, sauf convention contraire[4]. Le *jus colendi* résulte d'un bail à long terme ou, pour mieux dire, d'un bail sans terme préfix. La durée ordinaire des baux est de cinq ans[5]; or celui qui crée une olivette dans un terrain inculte a un droit exclusif aux fruits pendant dix ans[6]. Son bail a donc une durée supérieure à dix ans.

2° L'emphytéose, comme le droit sur l'*ager vectigalis* et la superficie, est susceptible d'hypothèque[7]. Le *jus colendi* pouvait également être affecté à la sûreté d'une créance, tout au moins

---

[1] Cf. Garsonnet, *Hist. des locations perpétuelles et des baux à longue durée*, 1878, p. 27. Beauchet, *Hist. du droit privé de la République Athénienne*, 1897, t. III, p. 309.

[2] Ulp. 35 ad Ed. *Dig.* XXVII, 9, 3, 4.

[3] III, 2-10 : [O]*livetum serere colere in eo loc[o] qua quis incultum excoluerit permittitur ea condicione ut ex ea satione ejus fructus oliveti quid ita satum est per olivationes proximas decem arbitrio suo permittere debeat; item pos[t] olivationes (decem) ole[i] coacti partem tertiam [c]onductoribus vilicis ejus f(undi) d(are) d(ebebit)*.

[4] Zeno, *Cod. Just.*, IV, 66, 1. Cf. Borghesi, *Œuvres*, t. X, p. 364, n. 4.

[5] Plin. *Ep.* IX, 37. Marcel 6 Dig. ap. Ulp. 32 ad Ed. *Dig.* XIX, 2, 9, 1. Paul. 34 ad Ed. *eod.* 24, 2 et 4. Cf. Esmein, *Mélanges*, p. 219.

[6] III, 7.

[7] Scæv. 1 Resp. *Dig.*, XX, 1, 31. Paul, 29 ad Ed. *Dig.* XIII, 7, 16, 2; 68 ad Ed. *Dig.*, XX, 4, 15. En Grèce, à Héraclée et à Mylasa, il était défendu au preneur de consentir une hypothèque. Cauer, *Delectus inscr. Græc.*, 40, l. 149. Waddington, *Inscr. d'Asie Mineure*, 404.

sous la forme d'une aliénation fiduciaire. Une clause spéciale de la *lex Manciana* consacrait la validité de cette aliénation[1]. La *fiduciæ datio* ne se réalisait pas ici suivant les modes ordinaires: mancipation, *in jure cessio*[2]. Elle devait avoir lieu à la mode provinciale, comme la πρᾶσις ἐπὶ λύσει chez les Grecs[3].

3° L'emphytéote, de même que le fermier de l'*ager vectigalis*, acquiert les fruits par la séparation[4], exactement comme le propriétaire; l'usufruitier, au contraire, n'a droit aux fruits qu'autant qu'il les a perçus[5]. Mais cette différence, qui n'exista d'abord qu'entre le fermier de l'*ager vectigalis* et l'usufruitier, fut introduite sous l'influence de Julien[6], par conséquent à une date postérieure au règne de Trajan. Il ne faut donc pas s'attendre à en trouver la trace dans notre inscription. Le paragraphe 8 se borne à dire que le colon est autorisé à percevoir les fruits *arbitrio suo*. Ces mots, qui laissent au colon toute latitude pour percevoir les fruits, procèdent d'une pensée tout autre que celle qui a inspiré Julien. Julien entendait restreindre le droit de l'usufruitier : il lui refusait, par exemple, tout droit sur les olives qui étaient tombées à terre d'elles-mêmes, sans que les branches eussent été secouées[7].

4° Le *jus colendi* est-il, comme l'emphytéose, transmissible aux héritiers? Les Grecs, qui pendant longtemps n'eurent pas de mot technique pour désigner l'emphytéose, caractérisaient parfois le bail emphytéotique par l'expression : μίσθουσθαι

---

[1] IV, 7-9.

[2] Cf. Édouard Cuq, *Les institutions juridiques des Romains*, t. I, p. 644.

[3] Cf. Édouard Cuq, *Dict. des antiquités grecques et latines* de Daremberg et Saglio, t. III, 1ʳᵉ p., p. 355, v° *Hypotheca*.

[4] Jul. 7 Dig., *Dig.*, XXII, 1, 25, 1.

[5] Jul. 35 Dig. ap. Ulp. 17 ad Sab. *Dig.* VII, 1, 12, 5.

[6] Paul. 3 ad Sab. *Dig.* VII, 4, 13.

[7] *Ibid.* « ...Sed ut verum est quod de olea excussa scripsit (Labeo), ita aliter observandum de ea olea, quae per se deciderit, Julianus ait : fructuarii fructus tunc fieri, cum eos perceperit... »

εἰς πατρικά[1], louer une terre pour en jouir comme d'un bien patrimonial. Le droit du preneur passait à ses héritiers. En était-il de même en Afrique? M. Schulten ne le croit pas; ce serait la *lex Hadriana* qui aurait, pour la première fois, rendu héréditaire le droit des colons. Hadrien aurait emprunté cette règle au droit appliqué, sous la République, à l'*ager occupatorius*. Le *jus colendi* présente, en effet, avec le droit sur cet *ager*, un trait commun : il a pour point de départ un acte d'occupation. L'analogie est évidente; pourquoi aurait-elle échappé aux rédacteurs de la loi Manciana? Quel motif les aurait déterminés à renoncer à une construction juridique donnant satisfaction aux besoins de la pratique? Pour qui connaît le trait distinctif de la jurisprudence romaine, la fidélité aux traditions[2], cette hypothèse est invraisemblable.

M. Schulten affirme que, jusqu'à Hadrien, les colons n'auraient eu qu'un droit d'usufruit[3]. On a déjà établi, à propos du droit accordé sur les *subcesiva*, que cette manière de voir ne saurait être accueillie; il y a ici une raison de plus pour la rejeter. Le droit attribué aux colons peut, d'après la loi Manciana, être affecté à la sûreté d'une créance[4]; or les jurisconsultes classiques n'ont pas admis sans difficulté que l'usufruit fût susceptible d'hypothèque. Au IIIe siècle, Marcien invoque encore l'autorité de Papinien qui avait soutenu l'affirmative[5]. Cette controverse serait inexplicable si, dès le règne de Trajan et peut-être longtemps avant, la loi Manciana avait autorisé cer-

---

[1] Waddington, *Voyage archéologique,* t. III, p. 99, n. 323-324. *Bulletin de correspondance hellénique,* 1881, p. 108-109.

[2] *Quod per manus traditum est :* Papin. 15 Quaest. *Dig.* XXIX, 7, 10. Cf. Gai. 3 de manumiss. *Dig.* XL, 4, 57; Paul. 4 ad Sab. *Dig.* XXXIII, 9, 4, 3.

[3] P. 41.

[4] IV, 6-9.

[5] Lib. sing. ad form. hypothec. *Dig.,* XX, 1, 11, 2.

tains usufruitiers à disposer de leur droit sous forme d'engagement fiduciaire.

5° L'emphytéose s'éteint lorsque le preneur cesse de payer au propriétaire sa redevance pendant trois années consécutives[1], ou même seulement pendant deux années s'il s'agit de biens d'église[2]. L'inscription d'H^r Mettich contient une disposition analogue, en tenant compte de la différence qui existe quant à la nature de la redevance imposée au colon : le *jus colendi* s'éteint par un non-usage de deux ans[3]. L'abandon de la culture met le bailleur dans l'impossibilité d'exiger sa part de fruits.

M. Toutain a cru trouver dans cette clause la preuve que le *jus colendi* est intransmissible aux héritiers[4]. Le non-usage de deux ans est en effet un mode d'extinction de l'usufruit[5]. Mais ce n'est pas seulement la servitude personnelle d'usufruit qui s'éteint de cette manière; ce sont aussi les servitudes rurales qui ne sont pas attachées à la personne[6]; c'est le droit de propriété foncière lui-même en cas d'usucapion[7] et, au bas empire, dans le cas de mise en culture d'un champ abandonné[8].

6° Le *jus colendi*, comme l'emphytéose[9], paraît avoir été appliqué non seulement aux terres incultes, mais aussi aux fonds cultivés. Dans ce cas, le preneur est tenu d'améliorer le fonds. Les paragraphes 6 et 7 prévoient l'hypothèse de plan-

---

[1] Just. *Cod. Just.*, IV, 66, 2. Cf. Borghesi, *Œuvres*, t. X, p. 398, n. 3.

[2] *Nov.*, VII, 3, 2.

[3] IV, 13-14 : *Ea quo fuit fuerit jus colendi dumt[axa]t bienn(i)o proximo ex qua die colere desierit servatu[r] servabitur.*

[4] P. 61.

[5] Pompon. 11 ex var. lect. *Dig.*, VII, 4, 25. Il y a quelques exceptions : Pompon., 5 ex Sab., ap. Ulp. 17 ad Sab. *Dig.*, VII, 1, 12, 3.

[6] Gai. 7 ad Ed. prov. *Dig.*, VIII, 2, 6.

[7] Gai. II, 44.

[8] Valent. Theod. Arcad. *Cod. Just.*, XI, 59, 8.

[9] Cf. Garsonnet, *op. cit.*, p. 154.

tations nouvelles : création de figueries[1], remplacement de vignes vieilles[2]. Le paragraphe 9 vise le cas où l'on a greffé des oliviers sauvages[3]. On retrouve ici deux des caractères de l'emphytéose : bail à long terme, exemption temporaire de toute redevance[4]. Ce second caractère ne suffirait pas à prouver que le droit du colon est analogue à l'emphytéose. Dans un bail à court terme, le colon peut s'engager à faire des plantations nouvelles; cet engagement n'a rien qui soit en dehors des usages du contrat de louage. Un fragment de Scævola fait allusion à la clause *ut colonus vineas poneret*[5]. Cette charge était compensée, dans le bail à prix d'argent, par une diminution de la *merces*. Dans le colonat partiaire, la compensation aurait consisté en une exemption temporaire de redevance.

Le *jus colendi* attribué aux colons africains présente donc avec le droit emphytéotique une ressemblance frappante. Il faut désormais renoncer à l'opinion courante qui voit dans l'emphytéose une institution du bas empire. Une inscription, dont on connaissait quelques fragments[6], mais dont la majeure partie a été retrouvée en 1890 à Thisbé en Béotie, avait déjà montré une institution analogue fonctionnant en Grèce et réglementée

---

[1] II, 20-24 : *Si quod ficetum postea factum erit, ejus fic(eti) fructum per continuas ficationes quinque arbitrio suo e[i] qui seruerit percipere permittitur, post quintam ficationem eadem lege qua(e) s(upra) s(cripta) est conductoribus vilicisve ejus p(artes) d(ebebit).*

[2] II, 24-30; III, 1-2 : *Vineas serere colere loco veterum permittitur ea conditione [ut] ex ea satione proximis vindemi(i)s quinque fructu[s] earum vinearum is qui ita fuerit suo arbitr(i)o percip(i)at itemque post quinta(m) vindemia(m) quam ita sata [fu]erit fructus partes tertias e lege Manciana con-* ductoribus v[ilicisv]e ejus (fundi) in assem dare debebu[nt].

[3] III, 10-12 : *[Q]ui inseruerit oleastra post [annos quinque par]tem tertiam d(are) d(ebebit).*

[4] Sur le sens des mots *ficatio, olivatio,* cf. Toutain, p. 66; Schulten, p. 50. Sous Constantin, l'exemption était de trois ans : *Cod. Just.*, XI, 59, 1.

[5] 7 Dig., *Dig.*, XIX, 2, 61.

[6] *Corp. inscr. Græc. septentr.*, 1, 2226, 2227.

par un édit du proconsul d'Achaïe à la fin du iiᵉ ou au commencement du iiiᵉ siècle[1]. Nous savons aujourd'hui que le *jus emphyteuticum* ne fut pas seulement pratiqué chez les Grecs : il a pris racine de bonne heure sur la terre d'Afrique et fut consacré par la loi Manciana. Ce n'est pas un des moindres résultats que nous devions à la découverte de l'inscription d'Hʳ Mettich. Comme le *jus emphyteuticum*, le *jus colendi* procède du désir d'amener les classes pauvres sinon à la pleine propriété du sol, du moins à une situation à peu près équivalente à celle d'un propriétaire. Il ne faut plus s'étonner des progrès rapides de l'agriculture en Afrique lorsqu'on voit comment les Romains savaient encourager les colons à ne laisser aucune terre en friche.

[1] *Ibid.*, Add., p. 747. Cf. Dittenberger, *De inscriptione Thisbensi ad emphyteuseos jus spectante*, 1891.

III

LES CHAMPS ABANDONNÉS.

Les dispositions relatives aux *agri derelicti* n'ont été conservées que d'une façon incomplète. La fin du paragraphe 15 prévoit le cas où une superficie du domaine a été défrichée, puis abandonnée pendant deux ans : *Post biennium conductores vilicive eo*......[1]. Le reste manque. M. Schulten supplée : *id jus habeant*[2]. M. Toutain traduit : « Après deux ans, ce droit passera aux locataires ou aux régisseurs dudit *fundus* (?) ». L'idée est la même : après deux ans, ce sont les fermiers ou les régisseurs qui jouiront du *jus colendi*. A l'appui de cette restitution, on peut invoquer une clause analogue de l'inscription de Thisbé[3].

Le *jus colendi* était-il nécessairement éteint au bout de deux ans? Le paragraphe 16 règle la procédure à suivre avant de déclarer le colon déchu de son droit[4]. Malheureusement cette partie de l'inscription est en mauvais état et n'a été qu'imparfaitement déchiffrée. On y relève cependant ces deux points : 1° Lorsqu'une superficie qui était cultivée l'année précédente cessera de l'être, le fermier ou le régisseur fera une *denunciatio* et la renouvellera l'année suivante; 2° Si la culture est abandonnée *sine querela* pendant deux ans, le fermier ou le régisseur *colere* [*ju*]*beto*, ce qui signifie peut-être qu'à dater de ce moment le *jus colendi* pourra être acquis par un autre colon.

Cette disposition semble, à première vue, avoir une portée générale. Pourtant MM. Toutain[5] et Schulten[6] pensent qu'elle

---

[1] IV, 15.

[2] P. 32. Mais, p. 16, M. Schulten proposait de restituer : *co*[*rum*] *c*(*olere*) *d*(*ebebunt*).

[3] *Loc. cit.*, l. 10-13.

[4] IV, 16-22.

[5] P. 72.

[6] P. 33.

vise uniquement le cas d'une superficie qui est en culture depuis une ou plusieurs générations. Dans ce cas seulement, la dénonciation serait obligatoire. S'agit-il au contraire d'une superficie qui a été défrichée par le colon, le droit s'éteindrait sans dénonciation préalable, à l'expiration du délai. J'ai quelque peine à admettre que telle soit la portée de cette distinction. Je ne vois pas pourquoi on n'aurait pas, pour celui qui a défriché une terre inculte, les mêmes égards que pour celui qui a simplement entretenu cette terre en bon état de culture. S'il y avait une différence à faire, ne devrait-elle pas être à l'avantage du premier ? Pour justifier la rigueur de sa solution, M Schulten invoque la maxime *Dies interpellat pro homine*. Mais il est reconnu aujourd'hui, même par les jurisconsultes des pays comme l'Allemagne où elle a été consacrée par la pratique moderne, que cette règle fut étrangère aux Romains[1].

Cette solution n'est pas davantage en harmonie avec les idées qui prévalurent dans la jurisprudence dès le temps d'Auguste et qui avaient été consacrées par l'édit de Préteur. Au lieu d'appliquer les règles de droit en quelque sorte mécaniquement, on tenait compte, sauf convention contraire[2], des faits qui peuvent servir d'excuse à qui n'a pas exercé son droit ou rempli ses engagements[3]. Il me paraît probable que la loi Manciana autorisa pareillement les colons à faire valoir leurs réclamations et que les *denunciationes* avaient pour but de les mettre en demeure de les présenter en temps utile. C'est ainsi qu'au bas empire, une constitution adressée par Arcadius au préfet d'Italie Rufius

---

[1] Cf. Dernburg, *Pandekten*, II[b], p. 111, n. 14.

[2] Voir la *lex vectigali fundo dicta*, citée par Scævola, 1 Resp., *Dig.*, XX, 1, 31 : *Ut si post certum temporis vectigal solutum non esset, is fundus ad dominum redeat*. Cf. Gino Segré, *Dell' azione di caducità promossa contro l'enfiteuta*, 1892, n° 3.

[3] Alfen., 2 Dig., *Dig.*, XIX, 2, 27. Paul. 2 Sent. *eod.*, 55, 2. Ulp., 12 ad Ed. *Dig.*, IV, 6, 1, 1 ; 21 pr.

Synesius Hadirianus prescrivit d'inviter par voie d'édit (*edictis vocare*) les propriétaires à réoccuper les champs abandonnés [1].

On remarquera que le colon qui déserte la culture paraît libéré de toute obligation envers le propriétaire. Les interprètes modernes discutent sur le point de savoir s'il en fut de même pour l'emphytéose [2].

---

[1] *Cod. Just.*, XI, 59, 11. Cf. Borghesi, *Œuvres,* t. X, p. 580, n. 4. M. Schulten, p. 32, rapproche du paragraphe 15 une constitution de Théodose au préfet d'Orient Fl. Eutolmius Tatianus (*Cod. Just.*, XI, 59, 8); mais elle prévoit une hypothèse différente. Cf. von Czyhlarz, Glücks *Commentar* ad lib. XLI, 1, p. 96.

[2] Cf. Dernburg, *op. cit.*, I¹, p. 650, n. 25. Windscheid, *Lehrb. der Pandekten,* I, S 222, n. 3.

IV

LES COLONS DES TERRES CULTIVÉES.

Les paragraphes 2, 3 et 5 déterminent les droits et obligations des colons des terres cultivées situées dans le domaine de *Villa Magna Variani*[1]. Il faut y joindre les paragraphes 10 et 11, relatifs le premier aux terres à fourrage[2], le second au droit de pacage[3].

Les colons du domaine sont désignés par l'expression : *Qui [i]n f(undo) Villæ Magnæ sive Mappaliasiga villas habent habebunt dominicas*[4]. Les *villæ dominicæ* ne sont pas ces résidences somptueuses que les grands seigneurs possédaient dans les campagnes de l'Afrique, comme cette villa de Pompeianus dont les ruines subsistent aux environs de Constantine[5]. Le domaine attenant à ces résidences était un accessoire de la villa[6]. C'était une exception. Le plus souvent, et en particulier à Hʳ Mettich, la villa était l'accessoire du fonds[7]. C'était la demeure du fermier ou du colon avec les bâtiments nécessaires à l'exploitation du fonds. Dans les grands domaines comprenant plusieurs fonds de terre[8] comme le domaine de *Villa Magna Variani*, il y

---

[1] I, 19-29; II, 1-12, 17-20.

[2] III, 12-17.

[3] III, 17-20.

[4] Sur l'interprétation de l'expression : *fundus Villae Magnae*, cf. Schulten, p. 48. *Villa Magna* n'est pas le nom d'un fonds de terre, comme l'a pensé M. Toutain (p. 46), mais d'un domaine comprenant plusieurs fonds.

[5] Cf. Boissier, *L'Afrique romaine*, 1895, p. 150.

[6] Ulp., 17 ad Sab., *Dig.*, VII, 4, 10 pr.

[7] *Ibid.* 8.

[8] Les fonds composant ce domaine n'étaient pas distingués par une dénomination particulière. Un cas analogue est cité par Javolenus, au VIᵉ livre de ses *Lettres* : « Qui ex pluribus fundis, quibus idem nomen impositum fuerat, unum fundum sine ulla nota demonstrationis stipuletur, incertum stipulatur, id est eum fundum stipulatur, quem promissor dare voluerit... ». (*Dig.*, XLV, 1, 106).

avait nécessairement plusieurs villas de cette espèce. Chaque
fonds pouvait lui-même comprendre plusieurs *loci* confiés à des
colons distincts et, par suite, ayant une individualité propre[1]
et des villas particulières[2].

§ 1.

Quelle est la condition juridique de ceux qui occupent ces
villas? Le règlement leur reconnaît le droit de percevoir les
fruits; il les oblige à livrer au bailleur une part des récoltes[3].
Le droit aux fruits ne peut appartenir aux colons qu'à titre de
droit réel ou de droit de créance. La question est de savoir lequel de ces deux droits il faut leur attribuer. De la solution
donnée dépend la notion exacte de la condition juridique des
colons.

M. Toutain a émis sur ce point des opinions difficiles à con-
cilier. D'après lui, les colons du domaine de *Villa Magna* auraient
certainement l'usage, tout au plus l'usufruit[4], mais un usufruit
partiel, incomplet ou encore grevé de charges, personnel, non
transmissible en droit à leurs héritiers[5]. Ce seraient en même
temps des cultivateurs partiaires[6].

Cette interprétation n'est pas admissible : les qualités d'usager, d'usufruitier, de cultivateur partiaire s'excluent réciproquement. Un usager ne peut en même temps être usufruitier

---

[1] Pompon., 26 ad Q. Muc. *Dig.* VII,
4, 25 : « Locus certus ex fundo et possi-
deri et per longam possessionem capi potest ». Ulp. 17 ad Sab. *eod.* 10, 2 : « Loci
ususfructus ».

[2] Ulp. 17 ad Ed. *Dig.* L, 16, 27 pr. :
« Ager est locus, qui sine villa est ». 69 ad
Ed. 60 *eod.* « ... Plerumque sine villa
locum accipimus ».

[3] I, 21-24 : (*Dominis*) *ejus f(undi) aut
conductoribus vilicisv[e] eorum in assem partes
fructa(u)m et vinea(ru)m ex consuetudine
(legis) Mancian(a)e cujusque generis habet
praestare debebunt.*

[4] P. 61.

[5] P. 81.

[6] P. 79.

du fonds dont il a l'usage[1]. Un usufruitier ne peut être culti-vateur partiaire du fonds dont il a l'usufruit. Entre ces trois qualités il faut choisir.

Nous écarterons d'abord la qualité d'usager pour les raisons précédemment déduites. Elles ont ici d'autant plus de force que la loi ne parle plus d'*usus proprius*. Dirons-nous que ceux qui occupent les villas sont des usufruitiers assujettis à certaines charges au profit du propriétaire du fonds ? Mais la loi ne pro-nonce nulle part le mot d'usufruit; elle suppose seulement que les colons ont droit aux fruits, ce qui n'est pas la même chose. En dehors du propriétaire, le droit aux fruits peut appartenir non seulement à l'usufruitier, mais aussi au locataire, au pos-sesseur de bonne foi, à d'autres encore. Doit-on songer ici à l'usufruit? C'est impossible : un usufruitier ne peut être forcé à cultiver. L'usufruitier, qui ne laboure pas son champ, n'est, dit Julien[2], passible d'aucune action civile. Sans doute l'édit du Préteur impose au légataire d'usufruit l'obligation de pro-mettre sous caution de jouir en bon père de famille. Mais la *lex Manciana* ne contient aucune disposition de ce genre. Si donc elle avait entendu attribuer à ceux qui occupent les villas la qualité d'usufruitiers, le propriétaire du fonds aurait été à leur discrétion; ses revenus auraient dépendu du bon plaisir des usufruitiers. Ce résultat ne serait pas seulement contraire à l'esprit de la loi : il serait aussi en opposition avec certains passages qui attribuent au propriétaire un droit de surveil-lance qui ne se concevrait pas à l'égard d'un usufruitier. *Eorum agrorum fructus... custodes exigere debebunt*[3]. Parmi les corvées imposées aux *inquilini* et peut-être aussi aux *stipendiarii* figurent

---

[1] « Cui usus relictus est, uti potest, frui non potest. » Ulp. 17 ad Sab. *Dig.* VII, 8, 2 pr.

[2] Ap. Ulp., 18 ad Sab. *Dig.*, VII, 1, 13, 2.

[3] III, 15-17.

des *custodiæ*[1]. Or Pline le Jeune nous apprend que l'exercice de cette surveillance était la conséquence nécessaire du bail à part des fruits[2]. Et il ajoute que, pour un bail de cette espèce, il faut des gens dont on soit sûr, des yeux vigilants et beaucoup de mains.

Une autre raison ne permet pas de traiter les colons du domaine comme des usufruitiers : un usufruitier ne peut, en cette qualité, être tenu d'une prestation envers le nu propriétaire. L'usufruit, en effet, implique un rapport de droit non pas entre l'usufruitier et le nu propriétaire, mais entre l'usufruitier et la chose soumise à l'usufruit. En cela il diffère du droit sur l'*ager vectigalis* qui résulte d'un contrat.

Enfin l'usufruitier acquiert les fruits par la perception; le colon partiaire, après partage, lorsque les fruits sont en état d'être consommés. On verra plus tard l'intérêt pratique de cette distinction.

Si nos colons ne sont ni des usagers ni des usufruitiers, s'ils n'ont pas de droit réel sur le fonds qu'ils cultivent, s'ils n'ont ni l'*usus* ni même la possession, leur droit de jouissance est nécessairement un droit de créance et ne peut résulter que d'un contrat. Le rapport de droit qui les unit au propriétaire ou à ses ayants cause est fondé sur un contrat de louage.

Assurément notre *lex* n'est pas une *lex locationis*. Elle en

---

[1] IV, 29-30, 34-35. Cf. Cat. *De re rust.*, c. 144 et 145, qui parle des *custodes* employés pour surveiller la récolte des olives et la fabrication de l'huile.

[2] Lib. IX, 37 : « Non nummo sed partibus locem, ac deinde ex meis aliquos operis exactores *custodes* fructibus ponam. » Cf. loi du 18 juillet 1889, art. 5 : « Le bailleur a la surveillance des travaux et la direction générale de l'exploitation, soit pour le mode de culture, soit pour l'achat et la vente des bestiaux... » — Il ne faut pas confondre ces *custodes* dont la fonction est caractérisée par le mot *exigere* avec les *saltuarii* chargés de l'*agri custodia* et qui doivent veiller *ne quid vicini aut agri aut fructuum occupent.* (Pompon, 6 ad Sab., *Dig.*, XXXIII, 7, 15, 2.)

diffère par son origine et par son contenu; elle est rédigée non par le bailleur, mais par les procurateurs impériaux; elle ne renferme pas les clauses mentionnées dans les documents contemporains, et nécessaires pour suppléer les lacunes du droit civil ou pour trancher les questions sur lesquelles la jurisprudence était encore divisée. Il me suffira de constater l'absence des clauses d'usage sur l'*instrumentum fundi*, soit au point de vue des objets que le bailleur doit fournir au colon, soit au point de vue des défauts ou des vices cachés de ces objets[1]. La première de ces clauses n'allait pas sans difficultés au temps de Trajan, comme le prouve une lettre de Neratius Priscus à son confrère Titius Aristo[2].

Mais si notre *lex* n'est pas une *lex locationis*, elle en tient lieu sur tous les points réglés par les procurateurs. Elle contient en effet l'ensemble des conditions que le bailleur est autorisé à imposer aux colons. Ces conditions sont tacitement acceptées par ceux qui consentent à rester sur le fonds. Nous trouvons donc ici la double manifestation de volonté requise pour la formation du contrat: la proposition du bailleur consignée dans le règlement porté à la connaissance des intéressés; l'acceptation des colons qui, après la publication de la *lex*, continuent à occuper les villas situées sur le fonds. Cette acceptation n'a pas besoin de se produire en une forme quelconque[3] : le louage est un contrat consensuel.

Les colons du domaine de *Villa Magna*, comme ceux du *Saltus Burunitanus*, d'après l'inscription de Souk el Khmis, sont, au point de vue juridique et vis-à-vis du propriétaire, sur la même ligne que les *conductores*. C'est ce que M. Mommsen a très juste-

---

[1] Serv. Lab. Cass. Sab. ap. Ulp. 32 ad. Ed. *Dig.*, XIX, 2, 19, 1.

[2] *Ibid.*, 19, 2.

[3] Ulp. 71 ad. Ed. *Dig*, XIX, 2, 14.

« ...Hujusmodi contractus neque verba, neque scripturam utique desiderant, sed nudo consensu convalescunt. »

ment fait observer à propos de cette dernière inscription : « Que dans cette hypothèse, dit-il, il n'existe point de différence juridique entre les *coloni* et les *conductores*, en tant qu'ils sont également fermiers du sol, cela est certain [1] ». Les uns et les autres acquièrent en vertu du contrat un droit contre le bailleur : celui-ci est obligé à *præstare frui licere* [2]. C'est en raison de la créance corrélative à cette obligation que les colons ont droit aux fruits.

Pourtant un éminent historien a prétendu que le colon partiaire est un cultivateur sans contrat, dont la situation légale est inférieure à celle d'un fermier [3]. Il en a donné deux raisons qui, en apparence, sont très fortes : la première, c'est que les colons de Souk el Khmis sont astreints à des corvées. N'est-ce pas là un signe d'infériorité et comme une marque de servitude? Mais des clauses analogues se retrouvent aujourd'hui dans les baux à ferme, lorsque par exemple un fermier s'oblige à faire certains transports de matériaux pour le propriétaire. Dira-t-on pour cela que nos fermiers ne sont pas des hommes libres? La loi française elle-même impose à tout chef de famille ce qu'on appelle « les prestations en nature », qui consistent en trois journées de travail par an [4].

[1] *Hermes*, t. XV, p. 405.

[2] Serv. ap. Ulp. 32 ad Ed. *Dig.*, XIX, 2, 15, 2. Jul. ap. Afr. 8 quaest. *eod.* 33 *in fine.* Pomp. ap. Ulp. *eod.* 9 pr.

[3] Fustel de Coulanges, *Recherches sur quelques problèmes d'histoire*, p. 14, 20, 38. *L'alleu et le domaine rural*, 1889, p. 69, n. 1.

[4] Loi du 21 mai 1836, art. 2 : « Tout habitant, chef de famille ou d'établissement à titre de propriétaire, de régisseur, de fermier ou de colon partiaire, porté au rôle des contributions directes, pourra être appelé à fournir chaque année une prestation de trois jours : 1° pour sa personne et pour chaque individu mâle, valide, âgé de 18 ans au moins et de 60 ans au plus, membre ou serviteur de la famille et résidant dans la commune; 2° pour chacune des charrettes ou voitures attelées, et, en outre, pour chacune des bêtes de somme, de trait, de selle, au service de la famille ou de l'établissement dans la commune. » Cf. loi du 23 juillet 1820, art. 28; 21 avril 1832, art. 10.

La seconde raison, c'est que tous les textes exigent pour la formation du louage la promesse d'un loyer en argent (*merces*). Là où cet élément fait défaut, dit Gaius, il n'y a plus louage[1]. Tel fut en effet le point de départ de la théorie romaine en matière de louage comme en matière de vente; la loi n'a d'abord sanctionné que la convention impliquant une prestation en argent. Mais on n'en est pas resté là : la théorie des contrats a reçu de la jurisprudence, aux premiers siècles de l'empire, d'importants développements. Il suffit de rappeler l'exemple de la vente. Comme le louage, la vente exige en théorie un prix en argent : d'où il faudrait conclure que l'échange n'a jamais eu le caractère d'un contrat. Or Gaius nous apprend que les Sabiniens l'assimilaient à la vente et lui donnaient la même sanction, tandis que les Proculiens préféraient une action *præscriptis verbis*[2]. Il en fut de même en matière de louage : dans certains cas où la contre-prestation ne consistait pas en argent, les jurisconsultes du 1er siècle discutèrent pour savoir s'il fallait donner l'action du contrat ou modifier la formule[3]. En fut-il de même pour le colonat partiaire? On l'ignore. Mais Gaius, en sa qualité de Sabinien, devait logiquement appliquer au louage la doctrine de ses maîtres sur la vente, assimiler le bail à part de fruits au bail à prix d'argent. Et, en effet, il oppose le colon partiaire au colon qui *ad numeratam pecuniam conducit*[4]; l'un et l'autre sont donc, à ses yeux, des *conductores*. Cette conclusion est confirmée par la lettre déjà citée de Pline le Jeune :

[1] Gai., III, 142. Voir cep. Tite-Live, XXVII, 3 : «(Flaccus) locavit omnem (agrum) frumento.»

[2] *Ibid.*, 139, 140, 141.

[3] *Inst.* III, 24, 2. Paul. 5 quaest. *Dig.*, XIX, 5, 5, 2. Au temps de Columelle, le loyer ne consistait pas uniquement en argent; le colon était tenu de prestations accessoires : «Sed nec dominus in unaquaque re, cum colonum obligaverit, tenax esse juris sui debet, sicut in diebus pecuniarum, ut lignis et caeteris parvis accessionibus exigendis.» (1, 7.)

[4] 10 ad Ed. prov. *Dig.*, XIX, 2, 25, 6.

Medendi una ratio, si non nummo sed partibus locem. Le bail à part de fruits, comme le bail à prix d'argent, est une application du contrat de louage[1].

Si l'opinion qui refuse au colonat partiaire le caractère de contrat n'est pas exacte dans sa généralité, est-ce à dire qu'elle ne renferme aucune part de vérité? Ne pourrait-on pas l'admettre tout au moins pour les colons dont le propriétaire avait le droit d'exiger les services? On a dit en effet qu'au IIe siècle certains colons partiaires ne pouvaient quitter la terre qu'ils cultivaient, à moins de trouver une caution. Ce seraient d'anciens fermiers qui, incapables de payer l'arriéré de leur dette, étaient retenus sur le domaine dans une sujétion presque perpétuelle[2]. L'hypothèse est ingénieuse : elle se concilie sans peine avec les principes de la législation romaine aux derniers siècles de la république[3]. Mais, sous l'empire, depuis la promulgation de la loi Julia *de cessione bonorum*, il dépend du débiteur de se soustraire à l'obligation de fournir ses services au créancier en usant du bénéfice de cession de biens. Ce bénéfice, introduit en faveur de l'Italie[4], appliqué par Auguste à l'Égypte[5], paraît

[1] L'opinion générale est depuis longtemps fixée en ce sens. Waaser, dans sa dissertation inaugurale présentée en 1885 à la Faculté de droit de Berlin (*Die colonia partiaria des röm. Rechts*), a essayé sans succès d'établir que le colonat partiaire était une application du contrat de société. Il y a bien analogie quant au partage des fruits, mais l'élément essentiel pour la formation du contrat de société, l'*animus contrahendæ societatis* (Ulp. 31 ad Ed. *Dig.*, XVII, 2, 44), fait défaut. Tout au contraire on retrouve ici l'élément distinctif du contrat de louage : la volonté d'échanger la jouissance d'une chose contre un équivalent.

[2] Fustel de Coulanges, *op. cit.*, p. 21.

[3] Cf. Édouard Cuq, *Institutions juridiques*, t. 1, p. 589.

[4] Dioclet., *Cod. Just.*, VII, 71, 4 pr.

[5] Cf. Mitteis, *Reichsrecht und Volksrecht*, p. 441. On a essayé récemment d'établir qu'en Égypte il existait, dès le IIe siècle de notre ère, une classe de personnes dont la condition était analogue à celle des colons du bas empire : ce seraient les γεωργοί κλήρου κατοικικοῦ. (P. Meyer, *Philologus*, 1897, t. LVI, p. 201.) Cette assimilation est contestable. Le texte invoqué ne dit pas que ces γεωργοί ne sont pas libres : il dit que le colon s'engage à ne pas abandonner la culture avant la fin

avoir été étendu d'assez bonne heure aux autres provinces[1]. L'hypothèse présentée ne peut donc être acceptée que pour les provinces où ne s'appliquait pas encore au II⁰ siècle la loi Julia et, quant aux autres, dans le cas seulement où le fermier insolvable renonçait à invoquer le bénéfice de cession de biens. Aucun texte précis ne la confirme.

On a cru cependant trouver une preuve décisive en faveur de cette hypothèse dans un fragment des *Réponses* de Cervidius Scævola. La question soumise au jurisconsulte avait trait à l'interprétation du legs de divers fonds de terre *cum reliquis colonorum*. On lui demandait s'il fallait comprendre dans le legs les *reliqua* des colons qui, leur bail expiré, avaient quitté la ferme *interposita cautione*[2]. Ces derniers mots, a-t-on dit, désignent les colons « qui ont trouvé une caution pour leur arriéré ». Donc, ceux qui n'ont pas trouvé de répondant ne sont pas partis; ils sont restés sur la terre bon gré mal gré, retenus par le propriétaire[3]. Cette conclusion repose sur une traduction inexacte; le mot *cautio* ne signifie pas « caution, répondant ». Au temps de Scævola[4], sous Marc-Aurèle, la *cautio* est un écrit portant re-

---

du bail. (*Corpus Papyrorum Raineri*, vol. I, n° xxxi, l. 18-20.) Cette clause se concilie aisément avec la liberté du colon. M. Wessely a fait remarquer (*ibid.*, p. 153) que dans les contrats de louage, conservés dans les papyrus gréco-égyptiens des II⁰ et III⁰ siècles, le bail est toujours consenti pour un temps limité. Parfois même le bailleur se réservait le droit de changer de colon à la fin du bail. (*Ibid.*, p. 153 et 173; cf. Eug. Révillout, *Rev. Égyptologique*, t. III, p. 131.)

[1] Mitteis, *op. cit.*, p. 450.

[2] 3 Resp., *Dig.*, XXXIII, 7, 20, 3.

[3] Fustel de Coulanges, *op. cit.*, p. 17; Schulten, *Dizionario epigrafico di Rug*giero, vol. II, p. 460, v° *Colonus;* Toutain, *op. cit.*, p. 80.

[4] Anciennement la *cautio* était une stipulation destinée à assurer l'accomplissement d'une obligation : telle la *cautio rei uxoriae* (Gell. VI, 3); la *cautio usufructuaria* (Ulp. 79 ad Ed., *Dig.*, VII, 9, 1 pr. et § 1; cf. Papin., 7 Resp. 11, *eod.*); la *cautio damni infecti* (Gai., 28 ad Ed. prov., *Dig.*, XXXIX, 2, 32. La *cautio* pouvait être *nuda* ou *cum satisdatione* (Marcel., ap. Ulp. 3 ad Ed., *Dig.*, V, 1, 2, 6). Ulp. 79 ad Ed., *Dig.*, XXXV, 3, 3, 1 : « Haec *cautio*, quae propter Falcidiam interponitur, fidejussorum habet praestationem ».

connaissance d'une dette[1], avec clause de stipulation[2]. La question posée au jurisconsulte est de savoir si la créance, née du louage, doit être comprise dans le legs des *reliqua* lorsque le bailleur s'est fait promettre sur stipulation ce qui lui était dû. Scævola répond négativement, parce que la *cautio* consentie par le colon a nové la créance. Le texte de Scævola est donc étranger à la question de savoir si le colon partiaire est attaché à la terre, si le propriétaire a le droit de le retenir. Il en est de même des passages de Varron[3] et de Columelle[4] qui parlent de terres cultivées par des *obaerati*, occupées *nexu civium*. Il s'agit ici de citoyens qui n'avaient pu invoquer la loi Poetelia, parce qu'ils avaient commis un délit ou manqué à leur serment[5].

Du caractère contractuel du colonat partiaire deux conséquences découlent :

1° Chacune des parties contractantes doit exécuter ses engagements, mais, en cas de refus, on ne peut l'y contraindre *manu militari;* on peut seulement la faire condamner à une indemnité pécuniaire;

2° Les contrats n'ayant d'effet qu'entre les parties, l'ayant cause à titre particulier du bailleur, l'acheteur par exemple ou le fermier, peut expulser le colon qui n'a de recours que contre

---

[1] Paul., 3 quaest. *Dig.*, XII, 1, 40 pr.: « Lecta est in auditorio... cautio hujusmodi ». Gai., 7 ad Ed. prov., *Dig.*, X, 2, 5 : « Cautiones hereditariae... in aede sacra deponi debent ».

[2] Nombreux exemples : *cautio depositionis* (Scaev. 29 Dig., *Dig.*, XXXVI, 3, 18, 1); *cautio dotalis* (*Id.*, 4 Resp. *Dig.*, XXXI, 89, 5); *cautio hereditaria* (Gai., 7 ad Ed. prov., *Dig.*, X, 2, 5); *cautio polli-*

citationis (Ulp. 11 ad Ed. *Dig.*, IV, 2, 9, 3); *cautio creditae pecuniae.* (*Id.*, 83 Dig., *Dig.*, XXX, 103).

[3] *De re rust.*, I, 17.

[4] *Ibid.*, I, 3.

[5] Cf. Mommsen, *Bürgerlicher und peregrinischer Freiheitsschutz im röm. Staat,* p. 265; Édouard Cuq, *op. cit.*, t. Ier, p. 590.

son bailleur. Réciproquement, le colon peut abandonner la culture, et le bailleur seul ou ses héritiers ont un recours contre lui[1].

Le droit du colon d'abandonner la culture n'est pas contestable; il est confirmé par les documents juridiques[2]. Il y a même deux cas où il s'exerce sans indemnité : 1° lorsque le colon a eu une juste cause de partir avant la fin du bail[3]; 2° lorsque le bailleur ou ses héritiers ne peuvent justifier d'un intérêt pécuniaire, ce qui a lieu dans les aliénations à titre gratuit[4].

On voit de suite les inconvénients pratiques d'un pareil régime appliqué à l'exploitation des grands domaines. En cas d'aliénation à titre gratuit (donation, legs), l'acquéreur aurait été singulièrement embarrassé si tous les colons avaient simultanément abandonné la culture. En cas d'aliénation à titre onéreux ou de changement de fermier, il aurait fallu renouveler tous les baux, en discuter les clauses avec chaque colon. Réciproquement, les colons n'auraient pas pu demander au nouvel acquéreur, au nouveau fermier, de les faire jouir[5]; en cas de décès d'un colon, ses héritiers n'auraient pas joui de plein droit des mêmes prérogatives et n'auraient pas été soumis aux mêmes prestations. *Heres coloni colonus non est*, dit Labéon au rapport de Javolenus[6].

La *lex Villæ Magnæ Variani* a emprunté à la loi Manciana une formule qui prévient ces difficultés : elle fait dépendre

---

[1] Gai., 10 ad Ed. prov. *Dig.*, XIX, 2, 25, 1 et 2.

[2] Julien (ap. Afric. 7 quaest. *Dig.*, XLI, 2, 40, 1) parle du colon qui *sponte possessione discessit;* Pomponius (32 ad Sab. *eod.* 31), du colon qui *non deserendæ possessionis causa exisset de fundo et eo redisset.*

[3] Paul. 2 Sent. *Dig.*, XIX, 2, 55, 2; 34 ad Ed. *eod.* 24, 2.

[4] Cass. ap. Jul. 4 ex Minicio. *eod.* 32.

[5] *Ibid.* Cf. Alex. Sev., *Cod. Just.*, IV, 65, 9.

[6] 5 poster. a Javol. ep. *Dig.*, XIX, 2, 60, 1.

l'obligation des colons non pas de la preuve d'un contrat conclu avec le bailleur, mais de leur résidence dans les *villæ dominicæ*. Le contrat se forme ou se renouvelle tacitement[1] par le seul fait de la résidence sur le fonds entre le propriétaire quel qu'il soit et ses ayants cause d'une part, ceux qui occupent les villas et leurs héritiers, d'autre part.

Cette formule de la loi Manciana a eu pour résultat d'assurer la stabilité des colons sur les fonds qu'ils cultivent. En droit, ils sont libres d'abandonner la culture; en fait, ils n'usent guère de cette faculté[2]. Les propriétaires, les fermiers changent, les colons restent; ils sont en quelque sorte immobilisés sur le fonds. Aussi les textes du bas empire parlent-ils de *coloni antiquissimi*[3]. A la longue, l'état de fait se transforma en un état de droit[4]. La loi retira aux colons la faculté de quitter le fonds qu'ils cultivaient; ils devinrent comme des serfs de la glèbe (*servi terræ*)[5]. Ainsi se forma, au IVe siècle, une classe nouvelle de personnes, qui tient le milieu entre celle des hommes libres et celle des esclaves.

§ 2.

Pour définir la condition juridique des colons de la *Villa*

---

[1] Ulp. 32 ad Ed. *Dig.*, XIX, 2, 13, 11. « . . . Taciturnitate utriusque partis colonum reconduxisse videri. » Ulp. 71 ad Ed. *eod.* 14 : « . . . Intelligitur enim dominus, cum patitur colonum in fundo esse, ex integro locare. »

[2] Cf. pour l'Italie *Corp. inscr. Lat.*, vol. IX, 3674 : *coluit a.* L ; vol. X, 1877 : *coluit a. XXXXV.*

[3] Gratian. Valent. Theod., *Cod. Just.*, XI, 63, 3; cf. Borghesi, *Œuvres*, t. X, p. 263, note 13.

[4] L'inscription de Souk el Khmis indique l'une des causes qui facilitèrent cette transformation. Si, en droit, les colons sont des locataires au même titre que les *conductores*, en fait ils ont des comptes à leur rendre et sont sous leur dépendance. Cette dépendance était particulièrement étroite dans les domaines impériaux, où les procurateurs étaient souvent de connivence avec les *conductores*.

[5] Theod. Arcad. Honor., *Cod. Just.*, XI, 52, 1, 1; cf. Borghesi, *Œuvres*, t. X, p. 277, n. 8. Monnier, *Nouv. Revue hist. de droit*, 1892, p. 163.

6.

Magna Variani, il ne suffit pas de constater que ce sont des locataires. A l'époque du haut empire, il y a trois sortes de colons unis au bailleur par un contrat de louage : 1° ceux qui payent un loyer en argent[1]; 2° ceux qui payent une redevance consistant en une quantité de fruits fixée à forfait[2]; 3° ceux qui partagent les fruits avec le bailleur dans une proportion déterminée : ce sont les colons partiaires. Les colons de la *Villa Magna Variani* rentrent dans cette dernière catégorie; leur loyer consiste en une part des fruits de chaque culture. Ce sont des colons *in partem,* par opposition aux colons *in assem*[3].

Mais le colonat partiaire présente à Rome des aspects très divers suivant les époques et suivant les cas où il s'applique. Au temps de Caton, c'était moins une *locatio rei* qu'une *locatio operis faciendi.* Lorsqu'un propriétaire était dans l'impossibilité de s'occuper de la culture soit par lui-même, soit à l'aide de ses enfants ou de ses esclaves, il en confiait le soin à un colon[4]. Le colon recevait en général la moitié des fruits[5]; il avait droit également au fourrage nécessaire à ses bœufs[6].

La *locatio agri fruendi* s'est introduite plus tard sous l'influence

---

[1] *Qui ad numeratam pecuniam conducit :* Gai., 10 ad Ed. prov., *Dig.,* XIX, 2, 25, 6. *Qui nummis colit :* Paul., 9 ad Sab., *Dig.,* XLVII, 2, 26, 1; cf. Plin., *Ep.* IX, 37 : *Nummo locare.*

[2] Alex. Sev., *Cod. Just.,* IV, 65, 8; Dioclet., *cod.,* 21.

[3] Cf. une inscription de l'an 227 publiée par M. Barnabei (*Notizie degli scavi,* 1887, p. 115) et contenant un *libellus datus a Geminio Eutychete colono.* Le requérant se dit *colens in asse annuis ss xxvi et quod excurrit.*

[4] Cf. Édouard Cuq, *Les institutions juridiques des Romains,* t. 1, p. 627.

[5] Cf. loi du 18 juillet 1889, art. 1ᵉʳ : « Le bail à colonat partiaire ou métayage est le contrat par lequel le possesseur d'un héritage rural le remet pour un certain temps à un preneur qui s'engage à le cultiver sous la condition d'en partager les produits avec le bailleur. » Art. 2 : « Les fruits et produits se partagent par moitié, s'il n'y a stipulation ou usage contraire. »

[6] Cat., *De re rust.* c. 137 : « Partiario foenum et pabulum, quod bubus satis siet, qui illic sient. Cetera omnia pro indiviso. »

du droit public. L'État ne pouvant exploiter par lui-même, comme un simple particulier, mettait en adjudication la jouissance des terres qui lui appartenaient. Mais comme à cette époque les propriétés de l'État en Italie consistaient surtout en pâturages (*saltus*), la *locatio agri fruendi* n'impliquait pas encore l'obligation de cultiver; la culture n'était pas une charge de la jouissance.

Il y avait donc, à la fin de la république, deux sortes de louage appliqués aux fonds de terre : la *locatio rei fruendae,* pour les pâturages, la *locatio agri colendi,* pour les terres en culture. Les mots *frui* et *colere* caractérisaient la situation respective du locataire d'un *saltus* ou d'un *ager :* le premier jouit des fruits naturels produits par la terre; le second doit donner ses soins à la culture. Certes on pouvait dire que le colon à part de fruits jouit lui aussi de la terre, mais tel n'est pas le trait essentiel du contrat qui le lie au propriétaire du sol : on s'est adressé à lui non pas tant pour le faire jouir de la terre que pour la lui faire cultiver.

Lorsque les simples particuliers commencèrent à acquérir de vastes propriétés à l'étranger, ils prirent le parti de les affermer à l'exemple de l'État. Mais on dut accommoder les règles du louage aux conditions d'exploitation du sol provincial. Là où les terres cultivées dominaient, on n'eut garde de séparer la culture de la jouissance : la *locatio agri fruendi* imposa au fermier l'obligation de faire cultiver[1]; la *locatio agri colendi* conféra au colon le droit de jouir[2]. Ce droit fut sanctionné sans doute un certain temps après que le bail à ferme devint un contrat nommé. Pline le Jeune croit nécessaire de justifier la substitu-

---

[1] Colum. 1, 7 : « Avarius opus exigat (dominus) quam pensiones. »
[2] Jul. ap. Afric. 8 quaest. *Dig.,* XIX, 2, 33; Gai. 10 ad Ed. prov. *eod.* 25, 1. Paul. 34 ad Ed. *eod.* 24, 4.

tion d'un revenu en nature à un revenu en argent. « Il n'est pas, dit-il, de revenu plus conforme au droit que celui qui vient de la terre, du ciel et des saisons[1]. »

Les qualités de fermier et de colon purent dès lors être réunies sur la même tête; cela devait souvent avoir lieu pour les petites propriétés. Pour les grands domaines, elles étaient séparées. Mais c'est une question de savoir si fermiers et colons étaient chargés de parties différentes du domaine. D'après M. Mommsen, il y aurait une distinction à faire « entre les terres des colons qui étaient une fois pour toutes destinées à la location, et la terre réservée qui, au moins d'après l'organisation primitive, était plutôt destinée à l'exploitation directe. Lorsque la terre réservée était louée pour la grande culture, les cultivateurs et les fermiers pouvaient être opposés les uns aux autres »[2]. Cette distinction n'est pas exacte : les *conductores* sont des fermiers généraux qui prennent à bail le domaine tout entier; les colons sont des sous-locataires. Cette manière de voir que j'ai présentée, il y a plusieurs années[3], a été accueillie par M. Schulten[4]. Elle est pleinement confirmée par l'inscription d'H[r] Mettich : le droit des *conductores*, comme celui du propriétaire, s'étend sur tout le domaine; sur les terres incultes aussi bien que sur les terres cultivées.

---

[1] *Loc. cit.* : « Et alioqui nullum justius genus reditus, quam quod terra, coelum, annus refert. » Papinien (16 quaest. *Dig.*, VI, 1, 62 pr.) distingue également les fruits qui *natura perveniunt* et ceux qui *jure percipiuntur*. Cf. un rescrit de Valentinien et Valens à Oricus, *praeses* de la Tripolitaine (366) : « Domini praediorum id quod terra praestat accipiant, pecuniam non requirant, quam rustici optare non audent, nisi constitutio praedii hoc exigat. » (*Cod. Just.*, XI, 48, 5.)

[2] *Hermes*, 1880, p. 405.

[3] *Op. cit.*, t. Ier, p. 630.

[4] *Die römischen Grandherrschaften*, 1896, p. 88.

§ 3.

Ce n'est pas seulement à ce point de vue que notre inscription permet de déterminer la condition juridique des colons; elle nous fait connaître en même temps les droits des colons partiaires sur les fruits. Les renseignements qu'elle fournit serviront désormais de commentaire au texte unique que l'on possédait jusqu'ici. Le colon partiaire, comme son nom l'indique et comme cela ressort d'un passage de Gaius, n'acquiert la propriété des fruits qu'à la suite du partage fait avec le bailleur : *quasi societatis jure lucrum cum domino fundi partitur*[1]. La règle formulée par Gaius est conforme aux principes généraux du droit. Le colon, à la différence de l'usufruitier qui a un *jus in solo*, ne peut acquérir les fruits que *voluntate domini*[2]. Il dépend du bailleur de l'en empêcher en l'expulsant du fonds. Mais, tant qu'il n'use pas de son droit, le colon acquiert les fruits aussitôt que le bailleur les acquerrait lui-même, dès l'instant de leur séparation[3].

Ce principe s'applique sans difficulté au bail à prix d'argent; pour le bail à part de fruits, le bailleur ne saurait être réputé consentir à l'acquisition par le colon, tant qu'il n'est pas lui-même en mesure de toucher sa part de fruits. De là une

[1] Gai., 10 ad Ed. prov., *Dig.*, XIX, 2, 25, 6.

[2] Cette idée est exprimée par Julien (ap. Afric. 8 Quaest. *Dig.*, XLVII, 2, 62, 8) et par Ulpien dans son commentaire sur Sabinus (42 ad Sab. *Dig.*, XXXIX, 5, 6). Bien que Julien soit contemporain d'Hadrien, il ne paraît pas présenter une opinion nouvelle, inconnue sous Trajan, car il fait de cette idée le point de départ d'un raisonnement : « Et ideo colonum, quia voluntate domini eos percipere videatur, suos fructus facere. »

[3] Pompon., 22 ad Sab., *Dig.*, XIX, 5, 16 pr. : « ...Creta ...mea facta est, cum voluntate tua exemta sit ». Ulp., *loc. cit.* : « ...Statim, cum lapis exemtus est, meus fit... » Paul 9 ad Sab. *Dig.*, XLVII, 2, 26, 2.

différence pratique importante entre l'usufruitier et le colon partiaire, quant à l'acquisition des fruits. Cette différence ressort du rapprochement d'un fragment de Labéon avec notre inscription. *Labeo ait. . . fructum percipi aut fœno caeso aut uva ademta, aut excussa olea, quamvis nondum tritum frumentum aut oleum factum vel vindemia coacta sit* [1]. Ici, au contraire, la perception a lieu pour le blé, l'orge, les fèves au sortir de l'aire (*ex area*); pour le raisin, au sortir de la cuve (*de laco*); pour les olives, au sortir du pressoir (*olei coacti*). Jusqu'au partage, le colon n'a que la détention des fruits, et, comme une sorte de dépositaire, il est tenu de livrer au bailleur la part fixée par le règlement : *partes fructuum praestare debet* [2].

Cette règle comporte deux exceptions : elle ne s'applique ni aux fruits destinés à la nourriture des bestiaux, ni au miel.

Moins favorisés que les *partiarii* au temps de Caton, les colons du domaine n'ont pas droit au fourrage : on ne leur abandonne que les champs de vesces. C'est du moins ce qui semble résulter du paragraphe 10, si l'on adopte la restitution de M. Schulten : [*Agri herbis consiti qui*] *in f(undo) vill(a)e Magn(a)e Var[iani] si[ve Mapp]aliaesige sunt erunt* [*praeter*] *agros, qui vicias habent, eorum a[gr]orum fructus conductoribus vilicis[ve debe]ntur* [3]. Mais les colons ont le droit de pacage moyennant une très modique redevance : *Pro pecora* [*qu(a)e i*]*ntra f(undum) vill(a)e Magn(a)e Mappaliesig[e p]ascentur in pecora singula aera quattus* (sic) *conductoribus vilicisve dominorum ejus f(undi) praestare debebit* [4].

---

[1] Ap. Paul. 3 ad Sab. , *Dig.*, VII, 4, 13.

[2] I, 22, 24.

[3] III, 12, 17. D'après M. Toutain, p. 67, les colons n'auraient aucun droit aux vesces. Cf. Schulten, p. 50.

[4] III, 17. Au lieu de [*p*]*ascentur* et *aera quattus*, M. Toutain lit [*n*]*ascentur* et *aera qua[e j]us*. M. Schulten, p. 51, propose de lire *aera quattu(or)*.

Pour le miel, le règlement fait une distinction suivant l'importance de la récolte, suivant qu'elle est ou non supérieure à cinq *alvei mellarii*[1]. On n'a pu déchiffrer le passage fixant le droit du bailleur dans le premier cas, mais, dans le second, le bailleur n'a plus droit, comme pour les autres fruits, à une quote-part de la récolte; pour chaque vase rempli de miel, on lui donne une mesure fixe, un setier : *Mellis in alve[is me]llariis sextarios singulos*[2].

Ce genre de redevance n'était connu jusqu'ici que par des documents du iiie siècle[3]; mais, à cette époque, la quantité était fixée à forfait avant la récolte, au lieu de varier suivant le nombre de mesures recueillies. Cette différence était d'ailleurs atténuée par l'usage admis, dans le premier cas, de tenir compte des événements de force majeure qui avaient pu diminuer la récolte[4].

La mention, dans notre inscription, d'une redevance consistant en une quantité est significative. Les rescrits du iiie siècle ne laissent aucun doute sur la nature du rapport de droit en

---

[1] 1, 29; 11, 1-6.

[2] 1, 28-29. Sur le sens du mot *alveus*, cf. Schulten, p. 25.

[3] Alex. Sev. *Cod. Just.*, IV, 65, 8 (en 231). Diocl., *eod.*, 18 (en 290); 21 (en 293). Le même usage existait en Égypte, d'après des papyrus grecs des iie et iiie siècles : *Ægyptische Urkunden aus den K. Museen zu Berlin*, Gr. Urk., vol. I, n° 227 (a. 150-151), n° 39 (a. 185-186). *Corp. Papyrorum Raineri*, vol. I, n°ˢ xxxv-xxxviii (a. 216, 225, 251, 253), cf. Wessely, *ibid.*, p. 154. Cet usage remonte à une haute antiquité. On le retrouve en Babylonie vers l'an 2140 avant notre ère. D'après un document publié par Meissner (*Altbabyl Verträge,* n° 3) et dont le P. Scheil a bien voulu me donner la traduction, les colons prennent l'engagement suivant : « Pendant deux ans, ils payeront un *gur* de blé par *gan;* dans la troisième année, le champ se payera lui-même; chacun (propriétaire et colon) aura sa maisonnette, et au jour de la moisson, on partagera le grain à égales parts... Année du roi Ammizadouga. » C'est une combinaison du colonat à part de fruits et du colonat à redevance fixe en nature.

[4] *Cod. Just.*, IV, 65, 8 : « ...Si qua labe tempestat(eve) vel alio coeli vitio damna accidissent. » — *Ibid.*, 18 : « ...Edaci lucustarum pernicie. »

vertu duquel on percevait une pareille redevance : c'est un louage [1]. Aussi les auteurs qui refusaient au colonat partiaire le caractère de louage ne manquaient-ils pas de relever la différence qui le sépare de cette variété de louage : le colon partiaire doit une quote-part et non une quantité [2]. On ne peut plus aujourd'hui soutenir cette thèse; il ressort de notre inscription que la redevance imposée au colon est, suivant l'espèce des fruits, tantôt une quote-part, tantôt une quantité; mais le contrat en vertu duquel elle est perçue est toujours le même : c'est un louage.

La différence établie entre le miel et les autres fruits a sa raison d'être : le miel n'est pas, à vrai dire, un produit du fonds; on ne peut donc appliquer la règle qui attribue les fruits au propriétaire *jure soli*. D'autre part, le rôle du colon est ici bien autrement important que pour la culture de la terre : il les ne doit pas seulement donner des soins assidus aux abeilles, empêcher de fuir [3], faire la récolte du miel [4]; c'est à lui de fabriquer les ruches [5], de se procurer les essaims [6] ou de retenir ceux qui sont nés sur le fonds [7]; on peut dire que sans lui la chose frugifère n'existerait pas. Aussi acquiert-il le miel dès l'instant où il est recueilli. Le bailleur n'a contre lui qu'un droit de créance.

Cette conclusion est confirmée par le paragraphe 3. Ce paragraphe prévoit une fraude [8] que les colons pourraient com-

---

[1] *C. Just.*, IV, 65, 3 : « Licet certis annuis quantitatibus fundum conduxeris, si tamen expressum non est in locatione... »

[2] Cf. Waaser, *op. cit.*, p. 24.

[3] Colum., IX, 12.

[4] *Ibid.*, 15.

[5] *Ibid.*, 6.

[6] Colum, IX, 8 : « aere parta vel gratuita »; « aucupare ».

[7] *Ibid.*, 9.

[8] II, 6-12. Cf. Colum., IX, 5 : « Res ista maximam fidem desiderat... Neque ea curatorem fraudulentum tantum, sed etiam immundae segnitiae perosa est. »

mettre au préjudice du bailleur en transportant dans un autre champ les ruches, essaims, vases à miel. Si le bailleur était, à un titre quelconque, propriétaire des fruits en tout ou en partie, cette fraude serait inexplicable. Il est de principe, en effet, que tout propriétaire peut revendiquer sa chose en quelque lieu qu'elle se trouve; il suffit qu'elle soit reconnaissable, dans l'espèce que les fruits n'aient pas été consommés. C'est bien le cas prévu, car la suite du texte parle du miel qui est dans les vases.

On pourrait, il est vrai, être tenté de dire que l'acte commis par le colon est une sorte de vol; la loi aurait entendu réprimer un fait délictueux plutôt qu'un fait dommageable. Cette hypothèse doit être écartée : la fraude prévue par la loi n'existe que par le fait du transport *in octonarium agrum*. Il y a là une restriction incompatible avec la notion du vol. Le délit de vol existe par cela seul qu'on a appréhendé la chose d'autrui contrairement au droit; peu importe le lieu où on l'a transportée. Le bailleur n'est donc pas propriétaire du miel recueilli par le colon.

Reste à expliquer la nature du préjudice prévu par le paragraphe 3. Le texte présente quelques lacunes :

<pre>
        Si quis alveos examina apes [vasa]
        mellaria ex f(undo) Vill(a)e Magn(a)e sive M
        appaliesige in octonarium agru[m]
        transtulerit quo fraus aut dominis au[t]
   10   conductoribus vilicisve eis (?) quam fiat a...
        . is, exam(in)a, apes, vasa mellaria, mel qui in...
        erunt conductoribus v[ili]corumve in assem e...
</pre>

A la fin de la dixième et au commencement de la onzième ligne, il manque quelques lettres. A la fin de la douzième ligne M. Toutain supplée *e[jus]*, et au commencement de la treizième il lit *f(undi) erunt*. M. Schulten fait observer que les mots *ejus fundi* devraient précéder et non suivre *in assem ;* il propose de suppléer, à la fin de la douzième ligne, *d(are) d(ebebunt)*; puis commencerait un autre paragraphe avec les mots [*Quae in*] *f(undo) erant*.

Quelle que soit la restitution adoptée, le sens est le même. La sanction de l'acte frauduleux commis par le colon consiste à attribuer au bailleur la propriété des ruches et essaims, des vases à miel et de leur contenu. D'après la restitution de M. Toutain, la propriété de ces objets serait attribuée de plein droit au bailleur, tandis que, d'après M. Schulten, le colon serait tenu de lui transférer la propriété. Il n'y a là qu'une nuance; on verra cependant tout à l'heure pourquoi la restitution de M. Toutain doit être préférée quant au fond; en la forme, il serait possible que la phrase se terminât aux mots *in assem ;* le mot *erunt* aurait été omis ou sous-entendu.

La disposition contenue dans le paragraphe 3 est singulière. Elle l'est à trois points de vue : par la rigueur de la peine qu'elle édicte, par la nature de cette peine, par les objets auxquels elle s'applique.

Pour apprécier si la peine est rigoureuse, il faut mesurer l'étendue du préjudice souffert par le bailleur. D'après M. Toutain, les colons n'ont « évidemment pas eu d'autre mobile que de soustraire au fonds la part de miel qui lui est attribuée ». Mais, dans ce cas, la peine devrait consister uniquement à accorder au propriétaire soit une part de fruits plus forte qu'un setier par vase[1], soit même la récolte tout entière. Si on lui donne en outre la propriété des objets qui servent à la pro-

---

[1] D'après la *lex oleae legendae*, citée par Caton (*De re rust.*, c. 144), le détournement d'olives commis par ceux qui sont chargés de les cueillir est puni d'une peine pécuniaire : « Qui oleam legerit, qui deportarit, in singulas deportationes ss. n. xl deducentur, neque id debebitur. » Cf. c. 145.

duction, à la récolte et à la conservation du miel, c'est qu'il a aussi un droit sur ces objets, droit qui est subordonné à leur présence sur le fonds loué. Ce droit est d'ailleurs bien connu : c'est un droit de gage. Le propriétaire d'un fonds rural jouit d'un droit de gage tacite sur les fruits[1] ; il peut aussi avoir un gage conventionnel sur tout ou partie des *invecta et illata* du colon[2] : cette double sûreté garantit le payement de sa créance. L'acte frauduleux visé par le paragraphe 3 est donc une cause de préjudice, bien moins en raison du risque que le propriétaire court de ne pas recevoir la part de miel qui lui revient, qu'en raison de la perte de son gage. Aussi la peine est-elle proportionnée au préjudice : le colon qui diminue le gage du bailleur est puni de sa fraude par la perte de son droit de propriété sur les fruits et sur les objets transportés hors du fonds.

Cette peine est peu commune; d'ordinaire les peines sont pécuniaires. Pourtant elle n'apparaît pas ici pour la première fois. La clause qui l'édicte est la reproduction d'une clause mentionnée par Caton dans son *De re rustica :* elle sanctionnait indirectement le droit de gage accordé au vendeur d'olives sur pied. Ce droit s'exerçait sur les ustensiles apportés par l'acheteur sur le fonds pour faire la récolte. *Ne quid eorum de fundo deportato. Si quid deportaverit, domini esto*[3]. Cette clause pouvait s'appliquer dans les cas analogues, particulièrement en cas de louage. Elle fut rendue inutile dans le louage à prix d'argent par la création de l'action Servienne : à partir du début de l'empire, le Préteur accorde au bailleur une action réelle pour recouvrer les objets transportés hors du fonds,

---

[1] Pompon., 13 ex var. lect. *Dig.*, XX, 2, 7 pr.

[2] Nerat. 1 Membr. *eod.* 4 pr. Cf. Plin. *Ep.* III, 19.

[3] C. 146. Cf. Édouard Cuq, *Institutions juridiques des Romains*, t. I, p. 635, n. 6.

en quelques mains qu'ils se trouvent. Cette action garantit la créance du bailleur *pro mercedibus fundi*[1]. L'inscription d'H[r] Mettich est le premier document qui vienne confirmer l'existence d'une clause que l'on ne connaissait jusqu'ici que par Caton. On ignorait que l'usage en avait été maintenu pour le colonat à part de fruits : c'est une nouvelle preuve que ce colonat n'était pas, comme on l'a prétendu, « une pratique extra-légale, tolérée mais non reconnue[2] » : il conférait au bailleur un droit de créance garanti par une sûreté réelle[3].

Cette clause n'est pas moins intéressante par l'application qui en est faite. Dans son commentaire sur Sabinus, Ulpien dit que, lorsque le revenu d'un fonds consiste en miel, les ruches et les abeilles font partie de l'*instrumentum fundi*[4]. MM. Toutain[5] et Schulten[6] reproduisent ce texte sans remarquer qu'il ne saurait ici trouver d'application. S'il était vrai qu'à l'époque de Trajan les ruches faisaient partie de l'*instrumentum fundi* et, par suite, appartenaient au bailleur[7], on ne comprendrait pas comment elles seraient confisquées à son profit. Singulière dispo-

---

[1] *Inst.*, IV, 6, 7.

[2] Fustel de Coulanges, *op. cit.*, p. 14.

[3] Le rapprochement de notre *lex* avec le passage précité de Caton, s'il ne permet pas de déterminer le sens de l'expression *in octonarium agrum*, prouve tout au moins qu'on ne saurait accepter aucune des explications proposées. Il est indifférent, pour l'application de la clause, que le champ où les objets sont transportés soit divisé en huit parties ou soumis à une redevance du huitième (Toutain, p. 43). La fraude n'existe que si les objets ont été transportés dans un champ n'appartenant pas au bailleur : dans ce cas seulement, son droit de gage est perdu. Si le mot *octonarium* ne se lisait pas très nettement, on serait tenté de le corriger et de lire *occupatorium*, ce qui désignerait ici les *subcesiva*. L'emploi du mot *occupare*, pour indiquer les parcelles des *subcesiva* mises en culture, serait justifié par l'inscription d'Aïn Ouassel. (Col. III, 16 ; cf. II, 8.)

[4] 20 ad Sab. *Dig.*, XXXIII, 7, 10. Cf. Sab. ad Vitell. ap. Ulp., *eod.*, 8 pr.

[5] P. 64.

[6] P. 26.

[7] Cf. Ulp. 32 ad Ed., *Dig.* XIX, 2, 19, 2 : « Illud nobis videndum est, si quis fundum locaverit, quae soleat instrumenti nomine conductori praestare. »

sition qui produirait son effet au profit et au préjudice de la
même personne! Mais Ulpien est un jurisconsulte du IIIe siècle,
et la citation ne prouve rien pour le droit en vigueur au temps
de Trajan. Il paraît résulter d'ailleurs d'un autre passage d'Ulpien
que la règle qu'il rapporte fut d'abord une opinion soutenue par
les Sabiniens [1]. L'inscription d'H[r] Mettich montre que, sous le
règne de Trajan, c'est l'opinion contraire, celle des Proculiens,
qui était en faveur [2].

On remarquera que dans le paragraphe 3 la propriété des
objets frauduleusement transportés hors du fonds est attribuée
aux fermiers ou aux régisseurs *in assem*. De même, dans la plu-
part des articles relatifs aux prestations imposées aux colons, la
part des fruits qu'ils doivent aux bailleurs est fixée *in assem*.
L'*as* représente, dans la terminologie juridique des Romains,
tantôt un objet particulier, comme un fonds de terre [3], tantôt
un ensemble de biens, comme une hérédité [4], que plusieurs
personnes sont appelées à se partager. Il en est de même dans
notre règlement, où l'on suppose qu'il y a plusieurs copropriétaires ou fermiers. L'as désigne tantôt, comme dans le paragraphe 3, les objets dont la propriété leur est attribuée et
qu'ils se partageront proportionnellement à leurs droits res-
pectifs [5], tantôt, comme dans le paragraphe 18, les *operae* aux-
quelles ils ont droit collectivement [6], tantôt enfin, comme dans

[1] Ulp. 20 ad Sab. *Dig.* XXXIII, 7, 12,
§ 13.

[2] Les Proculiens se fondaient sans doute
sur la définition de l'*instrumentum* : « Instrumentum est apparatus rerum diutius
mansurarum, sine quibus exerceri nequiret
possessio. » (*Ibid.*, 12 pr.)

[3] Scaev. 21 Dig., *Dig.*, XXXII, 40, 1.
Modest. 4 Resp. *Dig.*, XX, 6, 9 pr.

[4] Sab. Lab. ap. Ulp. 7 ad Sab. *Dig.*,
XXVIII, 5, 17 pr. Scaev. 18 Dig. *Dig.*,
XXXVI, 1, 75 pr.

[5] Dans ce cas, on peut dire que ces
copropriétaires ou fermiers *in assem con-
junguntur* ou *in assem veninnt*. (Lab. ap.
Ulp. 7 ad Sab. *Dig.*, XXVIII, 5, 17, 4
et 5.)

[6] IV, 24.

les paragraphes 1, 2, 7 [1], la part de fruits qui doit leur être livrée. Quel que soit leur nombre, cette part est invariable. Les colons, de même que les débiteurs d'une succession, n'ont pas à se préoccuper de l'*assis distributio* [2]. Que le domaine appartienne ou ait été affermé à un seul *ex asse* ou à plusieurs *pro parte* [3], que les parts des ayants droit soient égales ou inégales, la situation des colons, comme celle des débiteurs héréditaires, n'est pas modifiée [4]. L'étendue de leur dette reste la même. La créance seule se fractionne proportionnellement au droit de chacun : il n'y a pas de solidarité.

§ 4.

Après avoir réglé les droits du bailleur sur les fruits perçus par les colons, notre *lex* s'occupe des dommages causés par des tiers aux récoltes. Le paragraphe 12 prévoit deux délits distincts [5] : le premier consiste à couper et à emporter les fruits mûrs; le second, à couper ou à détruire les fruits verts. Le premier cas constitue un vol ou un délit spécial réprimé par les Douze Tables [6]; le second est un *damnum injuria datum* puni par la loi Aquilia [7]. La partie finale du paragraphe 12 a été incomplètement déchiffrée.

Si quis ex f(undo) Ville
Magne sive Mappaliesige fructus stantem pen
dentem maturum immaturum caec[ide]rit excider

---

[1], 15, 22 ; III, 1.

[2] Ulp., *eod.*, 13, 1.

[3] Macer. 1 De appellat. *Dig.* II, 8, 15, 1.

[4] M. Schulten affirme sans preuve que l'expression *partes in assem praestare* signifie : « Die Quoten unvermindert, ohne irgend welchen Abzug leisten » (p. 24). Il ne s'explique pas sur le sens de l'expression *operas in assem praestare*.

[5] III, 20-24; IV, 1-2.

[6] Cf. Édouard Cuq, *op. cit.*, t. I, p. 350 et note 4.

[7] *Ibid.*, p. 584.

it exportaverit deportaverit conbuserit (?) et si quid (?)
. . . . . detrimentum conductoribus vilicisve ej
                                        us f(undi)
. . . . . coloni erit ei cui det[rimentum. . . . .
tantum praestare debebit.

Il n'est pas vraisemblable que les procurateurs aient modifié les règles établies par la loi pour réprimer ces délits: ce n'était pas en leur pouvoir. Mais ils devaient dire comment serait réparé le dommage causé soit aux fermiers, soit aux colons. Le mot *detrimentum,* qui revient deux fois dans ce paragraphe, donne lieu de penser que tel était l'objet de la décision des procurateurs.

L'application du droit commun aurait conduit à des conséquences inadmissibles. Dans les baux à ferme où le preneur paye un loyer en argent, c'est lui qui, en cas de vol de récoltes, a seul le droit d'exercer l'action *furti*[1]. En cas de *damnum injuria datum,* un jurisconsulte contemporain de Trajan et d'Hadrien, Celsus, permet au colon d'intenter sinon l'action directe de la loi Aquilia, du moins une action *in factum* ou l'interdit *quod vi aut clam*[2].

Dans ces deux cas, le colon, *qui nummis colit,* a seul l'exercice et le profit de l'action pénale. Le vol ou le *damnum injuria datum* ne changent rien à la situation du bailleur, qui a toujours droit à une somme fixe. Il n'en est plus de même dans le bail à part de fruits : ici le bailleur souffre de l'acte délictueux; la masse sur laquelle sa part sera calculée est diminuée. Le règlement décidait sans doute que le montant de la peine serait réparti entre le fermier et le colon au prorata de leur in-

[1] Paul. 9 ad Sab. *Dig.,* XLVII, 2, 26, 1 : «Item constat colonum, qui nummis colat, cum eo, qui fructus stantes subripuerit, acturum furti, quia, ut primum decerptus esset, ejus esse cœpisset.»

[2] Ap. Ulp. 18 ad Ed. *Dig.,* IX, 2, 27, 14.

térêt. C'est ce que semblent indiquer les derniers mots du paragraphe : *ei cui det*[*rimentum factum est*] *tantum praestare debebit*. C'est ce que dira plus tard Gaius : *partiarius colonus, quasi societatis jure, et damnum et lucrum cum domino fundi partitur*.

M. Schulten n'entend pas ainsi cette clause; d'après lui, il faudrait distinguer entre les délits commis par des tiers ou par un colon[1].

Dans le premier cas, l'auteur du délit serait responsable envers le fermier; dans le second, le colon, victime du délit, aurait seul droit à la réparation. Le principe de cette distinction m'échappe : je ne vois pas pourquoi, dans le premier cas, le fermier s'enrichirait aux dépens du colon, et, dans le second, le colon aux dépens du fermier. La qualité de l'auteur du délit ne saurait avoir aucune influence sur le point de savoir qui aura droit à la réparation.

La présence dans notre règlement d'une disposition relative aux dommages causés aux récoltes ne prouve nullement que la sécurité fut moindre en Afrique que dans les autres régions de l'empire[2]. Le cas était prévu depuis le temps des Douze Tables, mais il était utile de dire comment se régleraient les rapports du bailleur et du colon, quant au montant de l'indemnité ou quant à la peine payée par l'auteur du délit.

§ 5.

En résumé, la condition des colons du domaine de *Villa Magna Variani* est supérieure à celle des autres colons partiaires. D'ordinaire ces colons ont droit tout au plus à la moitié des

---

[1] P. 31. — [2] Tontain, p. 70.

fruits[1]. En Égypte, d'après un papyrus grec de l'an 17, sous Tibère, ils n'ont droit qu'au tiers des récoltes[2]. Ici leur part est plus forte : elle est généralement des deux tiers; puis, au lieu de recevoir du bailleur leur part de fruits, ce sont eux qui la lui donnent[3]. Les rôles sont intervertis.

La condition de nos colons était également meilleure, à certains égards, que celle des colons payant un loyer en argent : d'abord leur situation est plus solide, grâce à la clause qui les répute avoir traité avec les propriétaires, fermiers ou régisseurs quels qu'ils soient. Ils n'ont à se préoccuper ni du changement de propriétaire, ni du changement de fermier. Ensuite on les encourage à améliorer le fonds par des plantations nouvelles en les dispensant de toute redevance sur les fruits qu'elles produiront pendant une certaine période. Un colon ordinaire n'a droit à aucune compensation pour la plus-value donnée au fonds : mais s'il est expulsé faute de payement des fermages, on ne peut lui réclamer l'arriéré sans lui tenir compte des dépenses qu'il a faites.

Le règlement des procurateurs est plein de ménagements pour les colons africains; et cet exemple, pris sur le vif, montre comment la pratique savait atténuer la rigueur de la loi. En théorie, le bailleur peut expulser à son gré le preneur. Ici il n'est plus question pour lui d'user de ce droit. La situation des co-

---

[1] Le partage par moitié est un usage très ancien. Dans un texte inédit, provenant des fouilles du P. Scheil à Sippara, en Babylonie, et dont je dois la communication et la traduction à l'obligeance du savant assyriologue, on lit : « Au jour de la moisson, ils (les colons) payeront le fermage en partageant tout à parts égales...

Année du roi Ammizadouga. » (Vers 2140 av. J.-C.)

[2] *Ægypt. Urkunden aus den K. Museen zu Berlin,* Gr. Urk., vol. I, n° 197, l. 12. La même quotité se retrouve dans certains documents de la Babylonie (Rawlinson. V, 19, 49).

[3] I, 17-19; II, 17-20.

8.

lons n'est rien moins que précaire. Ils peuvent se livrer à la culture avec sécurité; ils savent que leurs enfants jouiront des mêmes droits en restant dans les *villæ dominicæ*[1]. Dans la situation favorisée faite à ces colons, on reconnaît les idées d'équité qui prévalaient au temps de Trajan et dont plus d'une fois Pline s'est fait l'écho dans ses lettres.

[1] Julien (ap. Afric. 7 quaest. *Dig.* XLI, 2, 40, 1) va jusqu'à dire que la terre reste *in hereditate coloni.* — C'était l'application des idées préconisées par Columelle (I, 7) : « Felicissimum fundum esse qui colonos indigenas haberet, et tanquam in paterna possessione natos jam inde a cunabulis longa familiaritate retineret. »

V

LE RÈGLEMENT DES PROCURATEURS ET LA LOI MANCIANA.

Nous avons supposé jusqu'ici que le règlement gravé sur la pierre d'H[r] Mettich déterminait les rapports des colons avec le ou les propriétaires, fermiers ou régisseurs du domaine de *Villa Magna*. Cette hypothèse était fondée sur la traduction littérale d'une formule plusieurs fois répétée dans l'inscription. Il semble donc que le domaine de Villa Magna soit une propriété privée, ce qui donnerait au monument récemment découvert un intérêt de plus; il contiendrait le premier règlement connu applicable à un domaine privé. Les inscriptions antérieurement trouvées à Souk el Khmis, Kasr Mezuar[1], Aïn Ouassel, concernaient les domaines de l'empereur.

Telle est, en effet, l'opinion de MM. Cagnat et Toutain. M. Schulten est d'un avis opposé[2]. Le règlement, a-t-il dit, émane de deux procurateurs dont l'un est un affranchi de l'empereur : ce sont l'un et l'autre des *procuratores saltus*. On ne voit pas à quel titre ils viendraient régler les rapports d'un propriétaire avec ses colons, fixer la part de fruits qu'il est autorisé à exiger. Ces restrictions à l'exercice du droit de propriété sont incompatibles avec le caractère absolu de ce droit. Si l'on ajoute à cela que la présence d'un *defensor* des colons (*defensor* qui a pris soin avec le *magister* de faire graver le texte du règlement[3]) suppose un litige pendant entre les parties, on est porté à croire que des difficultés s'étaient élevées, comme à Souk el Khmis, entre les colons et les fermiers du domaine, et que ce domaine était une propriété de l'empereur. On pourrait enfin faire ob-

---

[1] *Corp. inscr. Lat.*, vol. VIII, n° 14428. — [2] P. 48-49. — [3] I, 31-32.

server à l'appui de cette manière de voir que plusieurs articles du règlement consacrent au profit des colons un droit analogue au *jus emphyteuticum* du bas empire, et que l'emphytéose n'a été appliquée aux propriétés privées que sous Justinien[1].

Les raisons alléguées par M. Schulten ne manquent pas de valeur. Mais comment des procurateurs impériaux viennent-ils imposer des prestations au profit soit des *domini* du *saltus* soit des *conductores?* Que signifie cette distinction plusieurs fois répétée des *domini aut conductores vilicive eorum?* Quels sont ces *domini?* « Les fermiers du domaine », dit M. Schulten ; le mot *dominus* serait ici synonyme de *conductor*[2]. Je doute fort que cette explication ait chance d'être acceptée ; la distinction du *dominus* et du *conductor* est trop nette dans des passages comme ceux-ci : *fraus aut dominis aut conductoribus vilicisve fit; — conductores vilicive dominorum*. M. Schulten prétend qu'il y a des textes en sa faveur, mais ceux auxquels il renvoie sont postérieurs de deux siècles à Trajan[3] ; ils ne parlent nullement des *conductores* en général, mais uniquement des emphytéotes. Or, si l'on peut à certains égards donner à un emphytéote le titre de propriétaire[4], il reste à démontrer qu'il en est de même du *conductor*[5]. Puis, s'il

---

[1] *Cod. Just.*, IV, 66, 2.

[2] P. 21 et 44.

[3] Constantinus, *Cod. Theod.*, II, 25, 1 ; Arcad. Honor., *eod.*, XIII, 11, 6 ; Theod. Valent., *Cod. Just.*, XI, 62, 12, 1 ; XI, 71, 5, 8.

[4] Cf. Von Czyhlarz, Glücks *Commentar* ad lib. XLI, 1 (Bd. I, S. 97, A. 49) : « Ist diese anomale Bedeutung des Wortes aus dem sonstigen Inhalt der Stellen ersichtlich. »

[5] P. Meyer (*loc. cit.*) compare le *conductor* des domaines impériaux africains au κάτοικος d'Égypte. Mais celui-ci est

traité comme un propriétaire : il peut aliéner son droit, le transmettre à ses héritiers. Le *conductor* au contraire n'est au IIe siècle qu'un fermier temporaire, bien qu'il puisse obtenir le renouvellement de son bail. (*Corp. inscr. Lat.*, vol. VIII, n° 10570, l. 22.) Les textes invoqués sont toujours du bas empire. Quant à ceux du IIIe siècle, il en est un, celui de Macer (1 de appellat. *Dig.*, II, 8, 15, 1) qui est interpolé (Dernburg, *Pandekten*, I[1], 642, p. 11), l'autre, celui de Paul (21 ad Ed. *Dig.*, VI, 3, 1, 1), dit expressément que le *conductor* n'est pas *dominus*

s'agit d'un domaine impérial, pourquoi est-il régi non par un règlement établi par l'empereur, comme la *lex Hadriana*, mais par une loi proposée par un magistrat? Un magistrat du peuple romain n'a pas qualité pour édicter des règles applicables aux domaines impériaux. M. Schulten le reconnaît, mais il conjecture que la loi Manciana fut faite pour un domaine appartenant au peuple romain et qui, dans la suite, devint propriété de l'empereur[1].

Cette conjecture laisse subsister les objections précédemment signalées. Pour ma part, je suis disposé à croire que la *lex data* d'Hr Mettich s'appliquait à un domaine impérial; mais ce domaine avait été antérieurement une propriété privée, appartenant à Varius et à ses successeurs[2]. Cette *lex* eut pour but d'assurer aux colons le bénéfice des dispositions édictées par la loi Manciana alors que le domaine n'était pas encore une propriété de l'empereur. Ainsi s'expliquerait la présence du pluriel *domini* emprunté au texte de la loi Manciana et reproduit par les procurateurs, bien qu'il eût cessé d'être exact au temps où leur intervention fut requise.

Le règlement établi par ces procurateurs sur le modèle de la loi Manciana a donc pour nous le même intérêt que s'il avait été fait pour un domaine privé. La loi Manciana ne fut pas d'ailleurs une loi spéciale faite en vue du domaine de Villa Magna : ce fut, sans doute, une loi générale qui régla les rapports entre propriétaires et colons lorsque l'État crut devoir aliéner tout ou partie des terres qu'il avait conservées en Afrique.

On n'a aucun indice qui permette de fixer la date de cette

---

[1] P. 18.

[2] Sur la formation du nom des fonds de terre, cf. D'Arbois de Jubainville, *Recherches sur l'origine de la propriété foncière et des noms de lieux habités en France,* 1890, p. 129.

loi, dont le nom apparaît pour la première fois. M. Schulten ne serait pas éloigné d'y voir l'une des lois agraires du viie siècle de Rome. Dans l'état actuel de nos connaissances, il est impossible de se prononcer. Voici cependant quelques remarques qui permettent de conjecturer que cette loi est peut-être antérieure à l'empire.

C'est d'abord l'emploi de certaines expressions quelque peu archaïques. J'ai déjà signalé la signification particulière du mot *usus*, qui doit ici être entendu dans son acception primitive. Voici une autre locution qui appartient au temps de Cicéron : celle de *in fundo esse* pour désigner un colon[1]. A l'époque de Cicéron, alors que la distinction de la possession et de la détention n'avait pas encore été formulée par la jurisprudence, on désignait ceux qui résidaient sur un fonds pour le cultiver, sans en avoir la propriété ni la possession, par les mots *in fundo esse, in possessione esse*[2]. Lorsque le jurisconsulte Pegasus[3], qui fut préfet de la ville sous Vespasien et membre du Conseil de l'empereur sous Domitien[4], eut distingué les détenteurs des possesseurs et rangé les colons et les fermiers dans la classe des simples détenteurs, l'expression *in fundo esse* paraît être tombée en désuétude et remplacée par celle de *in possessione esse*, qui avait l'avantage de s'appliquer aux meubles aussi bien qu'aux immeubles, de convenir au commodataire et au dépositaire tout aussi bien qu'au colon et au fermier[5].

On remarquera également l'expression employée pour dési-

---

[1] Cf. Édouard Cuq, *Recherches sur la possession à Rome sous la République et aux premiers siècles de l'Empire*, p. 48.

[2] P. Alfenus Varus (consul suffect en 715) emploie l'expression *in fundo esse* pour désigner un esclave qui *agri gratia ibi est* (Ap. Ulp. 20 ad Sab. *Dig.*, XXXIII, 7, 12, 2). Labéon désigne par l'expression *in agro esse* le *servus quasi colonus* (*Ibid.*, 12, 3).

[3] Cf. Édouard Cuq, *Le conseil des empereurs, d'Auguste à Dioclétien*, p. 323.

[4] Ap. Ulp., 6 ad Ed. *Dig.*, VI, 1, 9.

[5] Gai., IV, 153.

gner des locataires : *qui in fundo . . . villas habent dominicas.* Elle est analogue à celle de Cicéron : *Qui colonus habuit conductum de Caesennia fundum*[1]. L'emploi du mot *habere,* qui par lui-même n'a pas de valeur technique et doit être accompagné par un autre mot, dénote aussi une époque où la langue juridique n'avait pas la précision que lui donnèrent les grands jurisconsultes. Dans son commentaire sur Sabinus, Ulpien, reproduisant une définition depuis longtemps reçue, dit : *Habere dupliciter accipitur; nam et eam habere dicimus qui rei dominus est, et eum, qui dominus quidem non est, sed tenet*[2]. Dans notre inscription, on a pareillement déterminé le sens des mots *villas habent* par le mot *dominicas.* Cet adjectif suffit pour établir le contraste entre le possesseur et le détenteur. Un colon (*qui in fundo*) ne peut avoir une *villa dominica* qu'à titre de locataire.

Quelle que soit d'ailleurs la date de la loi Manciana, l'intervention du législateur pour fixer les rapports du propriétaire et des colons se conçoit mieux dès qu'il s'agit de la propriété provinciale, c'est-à-dire de terres dont le peuple romain dispose à son gré et sous les conditions qu'il lui plaît, suivant les exigences de la politique[3]. Il serait chimérique de prétendre retrouver aujourd'hui les raisons qui motivèrent cette intervention. Le seul point que nous fait connaître l'inscription d'H[r] Mettich, c'est la situation exceptionnelle faite à ceux des colons d'Afrique qui pouvaient invoquer la loi Manciana : on a dérogé en leur faveur au droit commun. On a encouragé les indigènes au développement de la culture en faisant prévaloir dans une certaine mesure l'intérêt général sur l'intérêt privé, mais en réservant dans tous les cas au propriétaire qui les employait une part de fruits.

[1] *Pro Caecina,* 32.
[2] 49 ad Sab., *Dig.,* XLV, 1, 38, 9.

[3] Cf. pour l'Afrique, Heisterbergk, *Die Enstehung des Colonats,* p. 128 et suiv.

9

La situation faite aux colons africains par la loi Manciana n'a rien de commun avec celle des colons du bas empire. On ne saurait voir des serfs de la glèbe dans ces cultivateurs qui ont le droit de s'approprier la majeure partie des récoltes et qui, dans certains cas, deviennent comme de petits propriétaires.

Et cependant, il est fort probable que cette loi, conçue dans les meilleures intentions, rédigée avec tant de prudence, produisit à la longue des conséquences inattendues. La formule adoptée par la loi Manciana pour consolider la situation des colons eut un résultat que n'avaient pas prévu les rédacteurs de la loi. En voyant des familles de colons se perpétuer sur le même fonds, sans que le changement de propriétaire eût aucune influence sur leur condition, on finit par les considérer comme un accessoire du fonds, comme faisant partie de l'*instrumentum fundi*. C'étaient, comme nous dirions aujourd'hui, des immeubles par destination. Le propriétaire qui vendait ou léguait le fonds semblait vendre en même temps les colons. On ne pouvait acquérir le fonds séparément. Cette restriction à la liberté des conventions ou des testaments, que l'on connaissait déjà, mais dont on ignorait la cause, a été établie — nous le savons aujourd'hui — pour les grands domaines de l'Afrique et par la loi qui a fixé une fois pour toutes la situation respective du propriétaire du fonds et des colons. Introduite dans l'intérêt des colons, cette mesure ne tarda pas à se retourner contre eux. On finit, dans un intérêt fiscal, par leur défendre de quitter le fonds que leurs ancêtres avaient librement consenti à cultiver.

www.ingramcontent.com/pod-product-compliance
Ingram Content Group UK Ltd.
Pitfield, Milton Keynes, MK11 3LW, UK
UKHW022129070726
13613UKWH00003B/1297